A Igreja e o
mundo sem Deus

Dados Internacionais de Catalogação na Publicação (CIP)
(Câmara Brasileira do Livro, SP, Brasil)

Merton, Thomas, 1915-1968.
A Igreja e o mundo sem Deus / Thomas Merton ; tradução: Frei João Morris e Frei Edmir Viana, O.F.M. revisão da tradução: monjas do Mosteiro da Virgem, Petrópolis. – 2. ed. – Petrópolis, RJ : Vozes, 2018. – (Série Clássicos da Espiritualidade)

Título original : The church and the Godless world : extraído do livro Redeeming the time.
ISBN 978-85-326-5959-0

1. Ateísmo 2. Cristianismo e ateísmo 3. Humanismo 4. Igreja Católica I. Título II. Série.

18-20181 CDD-211.8

Índices para catálogo sistemático:
1. Deus : Exsitência : Dúvida : Ateísmo 211.8

Iolanda Rodrigues Biode – Bibliotecária – CRB-8/10014

Thomas Merton

A Igreja e o mundo sem Deus

Tradução
Frei João Morris e Frei Edmir Viana, O.F.M.

Revisão da tradução
Monjas do Mosteiro da Virgem, Petrópolis

EDITORA VOZES

Petrópolis

Título do original em inglês: *The Church and the "Godless World"*
extraído do livro *Redeeming the Time.*

Direitos de publicação em língua portuguesa – Brasil:
1969, 2018, Editora Vozes Ltda.
Rua Frei Luís, 100
25689-900 Petrópolis, RJ
www.vozes.com.br
Brasil

IMPRIMATUR
Por comissão especial do Exmo. e Revmo. Sr.
Dom Manuel Pedro da Cunha Cintra,
Bispo de Petrópolis.
Frei Hugo D. Baggio, O.F.M.
Petrópolis, 5-1-1970.

Diagramação: Sheilandre Desenv. Gráfico
Revisão gráfica: Fernando Sergio Olivetti da Rocha
Capa: Omar Santos
Arte-finalização: Editora Vozes
Ilustração de capa: Lúcio Américo de Oliveira

ISBN 978-85-326-5959-0

Editado conforme o novo acordo ortográfico.

Este livro foi composto e impresso pela Editora Vozes Ltda.

Sumário

1
O "mundo"

Nos primeiros concílios ecumênicos, os problemas defrontados eram exclusivamente teológicos. Tratavam especialmente das naturezas divina e humana de Cristo, das Pessoas Divinas do Verbo e do Espírito Santo. Os Concílios da Idade Média, da Renascença e do século XIX preocuparam-se com a vida da Igreja, com a fé, a graça e os sacramentos. O Concílio Vaticano II, continuando o desenvolvimento e o esclarecimento da teologia da Igreja, mostrou um interesse inteiramente novo – *o próprio homem.* Se se considera a continuidade histórica e teológica dos concílios, é um tanto impressionante constatar que um problema básico e permanente, que uma vez se apresentou como uma negação teórica da humanidade de Cristo, agora se apresente como uma negação prática, concreta e existencial do *homem.* Assim o Concílio agora viu-se em realidade não somente afirmando que, em Cristo, Deus se fez homem para que o homem, pela graça, pudesse alcançar a liberdade dos filhos de Deus, mas que o próprio homem tem o direito de ser homem e gozar da liberdade e dignidade elementares devidas à pessoa humana existencial no seu mundo de matéria, na sua luta diária pela sobrevivência.

Enquanto os Padres conciliares se ocupavam com a importante deliberação da "Igreja no Mundo de Hoje", as muitas vozes do próprio mundo não mais permaneciam caladas como de costume. Vozes de esperança, de sofrimento, de perplexidade, de confiança, de violência, prodigiosamente ampliadas pelos versáteis meios de comunicação que o homem tem à sua disposição, um mundo de possibilidades fantásticas tanto para o bem como para o mal – capazes de abolir tanto a pobreza, a fome e a miséria quanto a própria humanidade.

Os Padres conciliares confrontaram-se com um mundo em que mais de uma guerra estava sendo travada, inclusive uma excepcionalmente cruel, sem objetivo, moral e politicamente ambígua, mas ditada ainda pela melhor das intenções – a de "preservar a liberdade". Embora ficasse claro que ninguém alcançaria uma vitória conclusiva, nenhum lado contudo podia procurar o outro para negociações de paz – ou melhor, enquanto ambos estavam, em ocasiões diferentes, dispostos a negociar, não o conseguiam simultaneamente. Esta guerra despertava o protesto mundial – protesto tão alarmante e tão intenso que homens se queimaram vivos no seu frenesi de serem tomados a sério. Mas este protesto apenas tornou mais inflexível a resolução daqueles que não entenderam nenhuma outra resposta senão a da "escalada".

No meio deste tumulto político, o Vigário de Cristo voou a Nova York e se dirigiu às Nações Unidas, aí falando da urgente necessidade para o homem de paz e justiça, e conclamando as nações do mundo a colaborar na abolição da guerra e extermínio da pobreza. Esta mensagem foi recebida com respeito. Mas as guerras continuavam com implacável crueldade, e, algumas semanas depois, um general da Força Aérea dos Estados Unidos declarou que, na sua opinião, os Estados Unidos deviam "bombardear o Vietnã do Norte até que retornasse à Idade da Pedra".

O contraste entre estas duas declarações – de um papa e de um general – sublinha a importância da constituição conciliar sobre A Igreja no Mundo de Hoje. Esta é uma das grandes declarações teológicas da Igreja contemporânea, e, certamente, um dos mais significativos pronunciamentos do Concílio. Embora preocupado, principalmente, com problemas práticos, é também, na realidade, uma declaração teológica sobre a capacidade do homem quanto ao bem e ao mal. Não é uma denúncia abstrata do "pecado", nem um louvor da "virtude" como um conceito, nem uma contemplação do bem platônico absoluto, mas uma declaração sobre o bem e o mal tais como se manifestam concreta e existencialmente no "mundo" do homem, e no próprio homem de hoje.

Veremos ainda, a seguir, que isto é uma nova abordagem do problema do mal no mundo. A Igreja não está dizendo ao mundo: "Você é radicalmente mau – torne-se bom como eu", mas: "você e eu juntos sofremos as consequências das nossas ações passadas e dos nossos mal-entendidos presentes. A ameaça do mal paira sobre nós, mas se nos abrirmos e nos tornarmos disponíveis um para com o outro, podemos juntos evitar o mal e realizar as imensas possibilidades de bem que estão ao nosso alcance, enquanto juntos crescemos para a maturidade histórica". A Igreja, em outras palavras, respeita a maioridade do mundo, com tudo o que isso implica de esperança e de risco.

Nas contrastantes declarações do Papa Paulo VI e do general dos Estados Unidos, estar-se-ia tentado a relembrar a clássica antítese de Santo Agostinho entre as duas cidades, a cidade de Deus, de paz, de amor, e a cidade do homem, de conflitos, de ódio. Mas, de fato, o Concílio estava longe de tentar lembrar-nos as "duas cidades" e o grande abismo que tradicionalmente existia entre elas. Isto significa uma admissão de que a facilidade habitual com que o "mundo" tem sido periodicamente condenado e rejeitado tem talvez algo a ver com os problemas contemporâneos. Não basta à Igreja afirmar que o mundo constitui um desastre moral e teológico do qual as almas individuais devem ser salvas uma por uma. Sem minimizar o mal que existe no mundo, sem otimismo ingênuo de progresso, o Concílio procurou identificar a Igreja com o homem do século XX, com todos os seus problemas, suas esperanças, suas alegrias, suas tristezas, seus temores e suas estupendas possibilidades. "As alegrias e as esperanças, as tristezas e as angústias dos homens de hoje, sobretudo dos pobres e de todos os que sofrem, são também as alegrias e as esperanças, as tristezas e as angústias dos discípulos de Cristo". Tais são as primeiras palavras da Constituição Conciliar (n. 1).

Realmente, pode-se dizer que a coisa crucialmente importante nesta Constituição deve ser procurada, não meramente no que a Igreja tinha para dizer sobre o mundo, mas no modo como foi dito. Antes que qualquer coisa fosse dita, a Igreja, por assim dizer, tinha que se decidir no seu próprio "coração" como encarava o mundo. Era o mundo um objeto totalmente separado dela? Devia o mundo ser visto, de novo, simplesmente como seu inimigo tradicional, como o reino de satanás? Ou foi a própria Igreja não só "amistosa para com o" mundo, mas até uma parte dele, identificada com ele?

O Concílio adotou uma posição intermediária. A Igreja, o Povo de Deus, não se identifica simplesmente com o mundo do homem. Ela está ontologicamente separada do mundo no qual é peregrina. Mas se identifica com o mundo pelo amor e compaixão.

A Constituição Conciliar, como veremos, faz uma distinção entre o "mundo" e o "homem". O mundo, para a Igreja, não é mais um conceito estático. Isto é a chave para a compreensão da Constituição. Em vez de ver o homem como colocado entre duas estatísticas e eternas realidades. Igreja e mundo, cidade de Deus e cidade do homem, entre as quais deve escolher, ela o concebe crescendo e evoluindo na história. Ela se vê crescendo e evoluindo com ele. A sua história está intimamente ligada à dele. O mundo não é algo estático e estabelecido – encontra-se no processo de transformação. Está *sendo feito* pelo homem. Num sentido, o homem está "se fazendo", criando por sua liberdade uma nova identidade para si. E a Igreja agora claramente admite a importância de seu papel em tudo isso. Se ela recusar permanecer aberta e positiva diante das aspirações criadoras do homem, contribuirá para as tendências negativas e destrutivas do homem e condenar-se-á também à alienação e esterilidade no mundo do homem. Se, por outro lado, ela estiver aberta e mantiver o diálogo com o homem moderno, ajudá-lo-á a crescer e a encontrar-se, a construir um mundo de paz e justiça – *como também descobrirá novas possibilidades dentro de si mesma.*

A alguns pode parecer estranho que, no passado, quando a civilização podia ser chamada "cristã", se tinha a impressão de que a Igreja tomava como normal a maldade do mundo, e que a vida secular era, no melhor dos casos, um pobre risco, comparada com a vida não mundana dos monges, irmãs e sacerdotes. Foi um paradoxo da cultura medieval que, embora nos seus ideais negasse o mundo, longe estava de fazê-lo de fato. (A arte e a literatura da Idade Média, exceto em tempos de crise, como o foram os meados do século XIX, refletem certamente uma muito positiva e viva visão da vida. Santo Tomás é um teólogo que fortemente afirmou o valor e o sentido da natureza.) E a nossa época que tem celebrado as mais fantásticas e portentosas realizações do progresso científico e material, também tem descoberto em si a capacidade de autodestruição total, como também uma séria tendência para de fato fazer uso dessa capacidade. A Igreja contudo procura afirmar o bem que está neste mundo complexo e atormentado. Ela tenta descobrir aquele bem sem rancor, sem gestos duvidosos de paternalismo, sem insinuações de que todo esse bem é realmente devido a ela, quando, de fato, uma parte dele não o é. Ela se mostra preparada para conhecer que o mundo secular, na sua própria secularidade, tem valores dignos de honra, e que os homens que nada têm a ver com a Igreja e com a sua fé podem estar ainda ajudando a humanidade a chegar à maturidade espiritual. Mais do que isso, oferecem à Igreja uma oportunidade para o diálogo em que ela mesma pode descobrir novas possibilidades de crescimento rumo a uma nova maturidade. A Igreja não mais pretende que todas as suas possibilidades sejam presentemente realizadas, e que somente ela tenha que manter a sua posição e mesmo esperar que tudo encontre suas relações certas com ela dentro de um modelo imutável. Ela se vê lançada a um processo dinâmico de crescimento juntamente com todo o resto do mundo. A sua fidelidade ao Espírito Santo e a Cristo, o seu Senhor e Cabeça, determinará o papel a cumprir nesse desenvolvimento, e estabelecerá a sua contribuição para o desenvolvimento do homem. Com efeito, por sua abertura ao homem moderno, a Igreja exerce uma influência decisiva no seu destino e o salva da autodestruição. Os magníficos esforços do Papa Paulo VI para trazer a paz ao Vietnã mostraram quão consciente está ele de sua responsabilidade. Mas essa responsabilidade não pode ser exercida apenas pelas advertências pontifícias e pelos anátemas. A Igreja não pode, separada do mundo, querer dirigi-lo. Ela só pode ser ouvida pelo mundo se participa, como igual para igual, dos problemas comuns aos outros homens.

Consequentemente, a ideia de "santificação da ordem temporal" toma agora um sentido inteiramente novo; tão novo que a expressão não mais parece adequada.

A ideia de "santificação" pertence a uma cosmovisão das religiões antigas que dedicavam as coisas e pessoas a Deus, tirando-as visível e simbolicamente da ordem temporal, pondo-as de lado num reino diferente, reconhecido como santo, sacro e como "pertencendo a Deus". Essa visão ritualista da santificação prevaleceu na Idade Média, e, admitamos, não é inteiramente digna de desprezo. Uma consciência tão moderna como a de Rainer Maria Rilke, cuja "Carta de um Jovem Operário" há quarenta e cinco anos antecipou de de muito o "cristianismo sem religião" agora popular entre os teólogos protestantes, estava plenamente consciente dos valores religiosos dessa cultura antiga, e deplorou a sua perda, enquanto realisticamente duvidava da nossa capacidade de reavivá-los.

Com o desenvolvimento do moderno humanismo tecnológico, o conceito de uma ordem temporal santificada pela presença de numerosos clérigos e monges, mediadores entre ela e a cidade de Deus se tornou cada vez mais irreal e arbitrário, a ponto de, nos últimos anos, na prática, senão na teoria, o cristão se sentir como que dividido entre um mundo "interior" ao qual ele se retirou para recuperar o seu equilíbrio e a sua perspectiva sobrenatural; ou, em outras palavras, um mundo exterior de luta amarga e moralmente duvidosa, e um mundo interior de "intenção pura". Assim ele se empenhou no conflito implacável de temporalidades com um olho na recompensa eterna.

O problema foi, então, fazer o melhor que se pudesse por si mesmo no mundo mau e desacreditado, totalmente desprezível em si, enquanto se preservava o direito a um lugar no banquete eterno que, somente este, era "real". Consequentemente, podia-se, por causa dessa desaprovação piedosa do "mundo", participar inteiramente dele e mesmo privar os outros dos seus iníquos benefícios. Podia, por isso, tomar parte zelosamente numa guerra onde "bombardearia os seus inimigos até que retornassem à Idade da Pedra", contanto que tivesse uma intenção pura e um olho na eternidade. Mas agora a Igreja declara que não mais se contentará em deixar que os generais bombardeiem as outras nações "até que retornem à Idade da Pedra", enquanto ela fecha os olhos diante da violência da guerra e apenas garante que o aviador católico será corretamente absolvido antes de levantar voo para fazer os bombardeios. Pelo contrário, ao "voltar ao mundo" e ao defender o bem que existe nele e no homem, a Igreja sabiamente questiona a necessidade destas soluções violentas dos problemas mundiais e previne que as bombas nunca resolverão nada.

Isto implica nova visão do mundo, decisão diferente sobre o mundo e o seu sentido, ou, para ser mais correto, acento novo, ênfase diferente da consciência tradicional da Igreja de sua relação com o "mundo". Ela não mais avisa e encoraja o mundo como alguém inteiramente fora dele, mas como alguém que está *nele* e comprometido com todas as suas esperanças e problemas, na medida em que visam o futuro do próprio homem. E até pode contribuir indiretamente para o aumento do mal e do tumulto do mundo se ela se esquecer do amor, da compreensão, da compaixão que deve ao homem e ao próprio "mundo".

Não constitui nenhum segredo que o termo "mundo" pode ter muitos sentidos. O conceito típico do mundo da cristandade medieval e de épocas posteriores tendia a ser acentuadamente monástico. O "mundo" era algo a ser renunciado e esquecido. Na primeira epístola de São João (2,15-17) exortou-se o cristão: "Não ameis o mundo nem as coisas do mundo. Se alguém ama o mundo, não está nele o amor do Pai. Porque todas as coisas do mundo, a concupiscência da carne, a concupiscência dos olhos e o fausto da vida não provêm do Pai, mas do mundo. Passa o mundo e também a sua concupiscência, mas quem faz a vontade de Deus permanece eternamente". O que se afirma está claro, não se deixando margens a dúvidas ou ambiguidades. O "mundo" aqui é o reino do egoísmo e do pecado. Mas não será simplesmente o reino do "ateísmo" e da "irreligiosidade"? Segundo o Novo Testamento, a ambiguidade religiosa é, de fato, condenada mais áspera e radicalmente do que a pecabilidade manifesta dos arrebatados e dos fracos. "Em verdade, vos digo – disse Cristo aos severos homens religiosos do seu tempo – que os publicanos e as meretrizes vos precedem no Reino de Deus" (Mt 21,31). Mesmo na Bíblia, então, o "mundo" não se identifica simplesmente com o reino dos irreligiosos, como o Reino de Deus não é meramente o reino da piedade religiosa. A distinção entre o mundo e o Reino é uma distinção entre egoísmo e amor abnegado, não somente entre o temporal e o eterno, ou o material e o espiritual. Mas, em todo caso, permanece clara nos livros do Novo Testamento a visão tenebrosa "deste mundo" que falhou no reconhecimento de Cristo (Jo 1,10; 1Cor 1,20ss.) e ao qual pertenceram os seus inimigos (Jo 8,23), porquanto Ele "não era deste mundo" (Jo 8,23).

O mundo, assim considerado, "não pode receber o Espírito Santo" (Jo 14,7). A Paz de Cristo não é um dom igual aos dons deste mundo (Jo 14,27). O diabo é simplesmente chamado "o príncipe deste mundo" (Jo 14,30) e isso lhe outorga o poder sobre todos os seus reinos que são, realmente, apresentados a Cristo na sua tentação (Mt 4,8-9). O "mundo" neste sentido obviamente tem que ser tomado como uma "criação má", como material, oposta, por sua própria natureza, ao mundo espiritual de Deus e dos anjos. Infelizmente, esta interpretação maniqueísta e gnóstica foi-nos imposta demasiadamente no passado. Para entender esta visão "tenebrosa" do mundo devemos vê-la como, por sua própria escolha, privada da luz de Cristo e oposta à vontade do Pai. Mas a matéria como tal não é "tenebrosa" e, por sua própria natureza, "não se opõe a Deus". A treva do mundo não se acha na sua materialidade, mas no pecado de vontades egoístas que rejeitaram o amor de Deus – frequentemente em nome da própria religião. O mundo, neste sentido tenebroso, é o mundo sem amor, o mundo sem Cristo – um mundo de indivíduos fechados sobre si ou sobre os interesses comuns de um grupo social ou nacional.

Contudo, para entender esta visão do mundo, temos que nos lembrar de quanto deveu à ideia veterotestamentária de um mundo gentílico idólatra. Nos tempos do Novo Testamento, a luta contra o "mundo" era, abertamente, uma luta contra as exigências de uma sociedade idólatra. "Ódio" cristão "do mundo" nunca foi ódio do mundo criado, da natureza como tal, mas um resistente combate a uma sociedade que deificara as forças e paixões da natureza e considerou o culto cristão de um Deus transcendente e invisível, manifestado no seu Filho crucificado e ressuscitado, como uma forma de ateísmo.

Mas porque os valores religiosos foram, de fato, identificados com os valores sociais de uma cultura pagã, e com uma visão do mundo inteiramente fechada sobre si, o desejo do cristão de se libertar da escravidão moral, influenciada por uma religiosidade "mundana" e pagã, foi considerado como impiedade e irreligião. Tradicionalmente, a oposição cristã ao "mundo" é uma oposição teológica, que rejeita o mundo na medida em que constitui o reino e o foco de uma religião falsa e supersticiosa – uma religião que encarcera e confina a liberdade da pessoa humana numa escravidão a preconceitos e paixões, sumariamente descritos por São Paulo, em Romanos (1,18-32).

Ao mesmo tempo, devemos lembrar-nos do lado positivo deste quadro. Se o cristão foi mandado a permanecer "no mundo, mas não ser do mundo" (Jo 15,18-19; 17,11), tem ainda ele, contudo, que permanecer no mundo como testemunha e manifestação de Cristo que é, em si, a *luz do mundo* (Jo 8,12) e que, por sua morte, expulsa o príncipe deste mundo (Jo 12,31), e atrai todos os homens para si (Jo 12,31). Assim, a última e mais profunda palavra de João sobre o mundo é que "Deus amou tanto o mundo que deu o seu Filho unigênito, para que todo aquele que crê nele não pereça, mas tenha a vida eterna" (Jo 3,16).

Quando o Concílio fala sobre a Igreja no mundo, devemos, portanto, ter em mente três possíveis sentidos de "mundo"[1]: um, em que o mundo é simplesmente a criação de Deus. Como tal, manifesta a sabedoria do Criador. Um outro, em que o mundo é "decaído" e "tenebroso" devido à autoidolatria do homem ateu e de sua sociedade; e um terceiro, em que o mundo é amado, redimido e salvo por Deus, e destinado a ser "recapitulado", somado, aperfeiçoado e completado em Cristo (Ef 1,9-12). O mundo são todas estas coisas ao mesmo tempo: é a criação de Deus; é a arena da luta entre o amor de Deus e o mal que se manifesta no pecado, na religião contra o amor, e na morte última; é também o Reino de Deus no qual Cristo já reina e no qual a história se dirige à sua conclusão final.

Em qualquer discussão sobre a visão cristã do "mundo", deve-se saber bem qual dos três sentidos está sendo empregado. No passado, foi geralmente aceito que, quando a Igreja falava sobre o "mundo", ela queria dizer, com toda naturalidade, o mundo "tenebroso", o mundo decaído e pecador, o mundo em rebelião contra a Palavra de Deus e mesmo contra a luz da razão. Além disso, foi aceito que os homens vivendo no mundo, as pessoas concretas de "carne e osso" que em qualquer circunstância, boa ou má, participavam da história do mundo, estavam na sua maior parte inclinados a identificar-se com tudo o que era tenebroso e decaído no mundo.

---

1 Naturalmente, há muitos sentidos não teológicos que podem ser aplicados à expressão "a Igreja e o mundo" – p. ex., a Igreja e a *ciência*, ou a Igreja e a *cultura secular*, ou a Igreja e a *política*. Atualmente, muitas destas ideias acharam o seu lugar na Constituição, pelo menos por implicação. Um outro ponto importante é que a "sociedade secular" significa uma coisa nos Estados Unidos, outra no Chile, outra em Katanga, outra na Rodésia, outra na França, outra na Rússia, e outra na China. Não podem ser postos juntos, como se fossem sociologicamente o mesmo mundo. Pode haver, é claro, elementos de ateísmo em todas estas sociedades, mas não formam um único e homogêneo "mundo ateu".

Realmente, seguir a "natureza" era simplesmente render-se à tendência do mundo ao mal e acompanhá-lo. Se a própria Igreja nem sempre aceitava isso, muitos de seus pregadores e mestres o aceitavam. Assim também fizeram alguns dos santos. Mas não o Concílio Vaticano II.

De fato, a Constituição sobre a Igreja e o mundo vê o mundo no nosso terceiro sentido: como amado e redimido por Deus.

> Movido pela fé, conduzido pelo Espírito do Senhor que enche o orbe da terra, o Povo de Deus esforça-se por discernir nos acontecimentos, nas exigências e nas aspirações de nossos tempos, em que participa com os outros homens, quais sejam os sinais verdadeiros da presença ou dos desígnios de Deus. A fé, com efeito, esclarece todas as coisas com luz nova, manifesta o plano divino sobre a vocação integral do homem. E por isso orienta a mente para soluções plenamente humanas.
>
> O Concílio tem a intenção antes de tudo de distinguir sob esta luz aqueles valores que hoje são de máxima estimação, relacionando-os com sua fonte divina. Estes valores, enquanto derivam da inteligência do homem que lhe foi conferida por Deus, são muito bons. Mas por causa da corrupção do coração humano eles se afastam não raro da sua ordem devida e, por isso, precisam de purificação.
>
> O que pensa a Igreja a respeito do homem? O que parece dever ser recomendado para a construção da sociedade atual? Qual é a significação última da atividade do homem no universo? Espera-se uma resposta para estas perguntas. E assim aparecerá de modo mais claro que o Povo de Deus e a humanidade, na qual ele se insere, prestam-se serviços mútuos. Assim a missão da Igreja se manifesta como religiosa e, por isso mesmo, humana no mais alto grau (n. 11).

Embora os homens no mundo sejam fracos, confusos, ou mesmo insensíveis, gananciosos e cruéis, contudo eles são ainda amados por Deus e procurados por seu

Espírito. Para evitar ambiguidade neste assunto, a Constituição normalmente fala não somente sobre o "mundo" (que afinal é uma abstração), mas sobre os homens, e especialmente sobre os "homens desta época". E este termo concreto tudo inclui. A Constituição se interessa pelos problemas e aspirações de *todos os homens.* Em particular, deixa muito claro que as aspirações de todos os homens, e não apenas dos cristãos, por um mundo melhor e mesmo pelo bem-estar material, não devem ser reprovadas como más.

> Deus destinou a terra, com tudo que ela contém, para o uso de todos os homens e povos, de tal modo que os bens criados devem bastar a todos, com equidade, sob as regras da justiça, inseparável da caridade. Sejam quais forem as formas de propriedade, adaptadas às legítimas instituições dos povos, segundo circunstâncias diversas e mutáveis, deve-se atender sempre a esta destinação universal dos bens. Por esta razão usando aqueles bens, o homem que possui legitimamente os bens materiais não os deve ter só como próprios dele, mas também como comuns, no sentido em que eles possam ser úteis não somente a ele, mas também aos outros. Além disso, compete a todos o direito de ter uma parte de bens suficiente para si e sua família (n. 69).

Certamente, não há nenhuma incompatibilidade entre o desejo do homem por uma vida boa e decente, de relativa felicidade na Terra, e a sua aspiração à visão da verdade e da união com o principio último de toda a vida, aquela união com Deus na vida eterna que é o último fim do homem. A Igreja, então, implicitamente reconhece que ela não tem nenhum direito de acusar e perturbar o homem moderno em seu desejo de uma vida boa (segundo as normas da razão), em paz e segurança. Ela não está encarregada de fazê-lo duvidar do valor do mundo em que vive, nenhum mandato de atormentá-lo ao incitar o seu senso de culpa e ansiedade sobre a existência, num ambiente contingente e material. Mas, note-se bem, se ela isso reconhece, é precisamente porque, na sua compaixão, percebe que ele já tem suficientes problemas em si e a vida não é tão simples e deleitável como se afirma ser em nosso paraíso tecnológico. Tem os seus aspectos positivos, mas também as suas pressões, riscos e desumanidades. Afinal, vivemos na época de Auschwitz e Hiroxima. Existe, infelizmente, uma ganância implacável que constrói para si cidades magníficas, com o sangue de raças e povos explorados.

O mundo em que o cristão vive é, então, um mundo que conhece a presença do mal e do ódio, da ganância, frustração e desespero, mas que tem ainda sua realidade central e mais íntima nas promessas salvíficas de Deus, no Reino de Cristo, que já completou a sua obra de salvação. A fé, ao apreender esta verdade central, esta presença salvífica de Cristo como rei e redentor no meio do mundo sofredor, apossa-se da chave de todo o sentido do homem, do mundo e da história – inclusive de todas as injustiças e desumanidades da história. Mas, precisamente porque a fé não se baseia na evidência clara, externa e científica, exige um compromisso pessoal com Cristo *em oposição* às pretensões manifestas de uma razão que se escandaliza com o mal e reclama *a demonstração* da existência de Deus, que Ele ama o mundo, que redimiu o homem, e que sustém o seu destino nas suas próprias mãos. Em outras palavras, a Igreja preocupa-se agora com o mal como um escândalo – como um obstáculo à luz da verdade revelada – e com a insuficiência das tentativas passadas para explicar o mal.

2
"Cristianismo sem Deus?"

O direito de a Igreja continuar a existir no mundo moderno é contestado mesmo por cristãos (como Bonhoeffer), precisamente na medida em que aparentemente atribuiu a si mesma uma solução exclusiva e isolada do problema do mal. O homem moderno desconfia do otimismo católico – o otimismo do Novo Testamento e da fé tradicional – porque considera que tudo isso é uma "hipótese" ou um "mito". O ateísmo, todavia, alega que a Igreja tem maliciosamente explorado o sofrimento e a infelicidade do homem para impor-lhe um deus mítico que fará com que tudo dê certo e resulte feliz no céu. Este é, de fato, o desafio que a Igreja deverá enfrentar no mundo moderno: a acusação de que ela secretamente precisa da infelicidade do homem e a fomenta, mantendo-o sob a sua tutela e sob a dependência dos mitos religiosos – e que, por isso, ela se opõe secretamente ao progresso. A sua condenação do mundo é, então, segundo este argumento, uma tentativa maliciosa de encher o homem de culpa e medo, torná-lo hesitante e temeroso, e impedir o seu crescimento à maturidade.

O argumento contra a Igreja e contra Deus é apresentado nos termos mais crus por Bonhoeffer (falando, note-se bem, como um cristão ciente da sua posição ambígua frente ao mundo moderno). Os cristãos, e seus "ramos secularizados... os filósofos existencialistas e psicoterapeutas... mostram à humanidade segura e feliz que ela é realmente infeliz e desesperada... em sérias dificuldades sobre as quais nada sabe e das quais somente eles podem salvá-la. Onde há saúde, força, segurança, simplicidade, eles veem um fruto delicioso para morder ou no qual podem pôr os seus perniciosos ovos..." Isso quase pode ser citado palavra por palavra de Nietzsche.

Refutar com os habituais argumentos apologéticos seria, de novo, nas palavras de Bonhoeffer, uma afronta "à maioridade do mundo – sem sentido, ignóbil, e não cristão".

Este argumento depende, portanto, da suposição de que o homem está de fato perfeitamente seguro, feliz, sadio, simples; que ele não é infeliz, nem frustrado, nem desesperado; que onde de fato está "ajustado" não só não sente culpa, mas se comporta amável, simples, honesta e humanamente para com o seu irmão... e, sobretudo, porque o faz fácil e habitualmente, sem qualquer exigência de Deus, da fé, da graça, dos sacramentos, da revelação. Em outras palavras, o homem atingiu a capacidade de eliminar o mal, o sofrimento e a infelicidade do mundo sem recorrer a Deus, pelo poder de sua ciência e técnicas. A sua única insegurança é, então, a ressaca dos seus excessos religiosos do passado!

Tudo o que se pode responder a isso é perguntar: Será esta realmente a questão? Isso se estabelece empiricamente? A infidelidade do homem lhe é algo totalmente inconsciente, inventado pela Igreja? É a sua única insegurança fomentada pelas ilusões religiosas? Então o próprio mal é um mito. Auschwitz e Dachau foram apenas pesadelos. Os expurgos de Stalin foram imaginários, Hiroxima foi uma curiosa fantasia. Os não combatentes queimados por napalm no Vietnã apenas pensaram que estivessem sendo queimados. Um argumento como este implica, obviamente, a capacidade de fabricar mitos até não igualada por qualquer superstição antiga! O ateu não pode ir tão longe, mas ele faz – pelo menos se é um marxista – alguns ajustes. Sim, certamente, há mal no mundo. Mas todo o mal é culpa de um certo tipo de sistema econômico, e das mistificações da religião. Quando ambos forem abolidos, tudo estará bem.

O próprio Bonhoeffer, especulando sobre o desafio ao cristianismo, bem sabia que havia o mal no mundo e que devia ser enfrentado. As frases citadas acima foram escritas numa prisão alemã onde esteve preso devido à participação na resistência contra Hitler, e poucos meses depois pagaria, por sua resistência, com a vida.

Enquanto ele se sentava e escrevia na sua cela, fechando, inexoravelmente, uma após outra, todas as "saídas de emergência" da apologética, clericalismo, ritualismo, "interioridade" e o salto mortal até à Idade Média, ainda achou um caminho aberto. Esse caminho pode ser resumido no *kenosismo* absoluto religioso, um cristianismo esvaziado de tudo, mesmo do próprio Deus. Não que Bonhoeffer não creia em Deus, em Cristo, na Igreja, mas a sua teoria é que a "honestidade última" exige que o homem contemporâneo viva no mundo *como se* não houvesse nenhum Deus. Há, contudo, que se qualificar esta teoria: não uma vida "sem Deus" no sentido de egoísmo e imoralidade, mas uma vida "sem Deus" como uma fonte de conforto, de socorro, de apoio, sem um Deus para justificar o nosso sofrimento!

"Deus está nos ensinando que devemos viver como homens que podem progredir muito bem sem Ele. O Deus que está conosco é o Deus que nos abandona (Mc 15,34). O Deus que nos faz viver no mundo, sem usá-lo como uma hipótese que funciona, é o Deus diante de quem sempre estamos."

Agora, percebemos imediatamente que, de um certo ponto de vista, isto exige uma grande pureza de fé. Pode-se compará-lo com São João da Cruz. Mas Bonhoeffer não está falando sobre ou para os místicos. Delineando um programa para a vida ordinária cristã, e ao proceder assim incorre no mesmo problema dos quietistas. Quando a vida cristã se torna uma vida de fé e amor puros, sem Deus, sem Cristo, esvaziada de tudo, então tende a tornar-se de fato um vácuo puro.

Esta visão *kenótica* de Deus é coerente com a visão de Bonhoeffer da maioridade do homem. É uma espécie de fé extrema, tão extrema que se vira às avessas. Como os quietistas procuraram o sacrifício extremo e o encontraram renunciando à esperança de salvação, assim Bonhoeffer faz o sacrifício supremo: viver sem Deus para estar na companhia do homem contemporâneo. O abandono do místico se torna o pão diário do cristão comum. Mas os místicos têm graças extraordinárias para se manter, e reter pelo menos formalmente a sua fé, a sua esperança, e o seu amor a Deus, indiferentes à escuridão de sua noite. O homem comum pode considerar um tanto difícil crer em Deus quando está convencido de que "Deus está morto". Se, em tal caso, abandona toda a esperança em Deus e a põe na ciência, na tecnologia, no dinheiro, no conforto etc., o que lhe resta? Bem, pelo menos é *honesto.* Não mais finge ser um cristão!

O bispo anglicano de Woolwich, captando esta absoluta honestidade *kenótica* de Bonhoeffer, quis saber: "Pode o homem realmente contemporâneo não ser um ateu?" A pergunta de fato não é nova, mas vinda de um bispo despertou interesse. Daí brotou certa dose de controvérsia em que naturalmente ele mesmo admitiu não ser ateu, justamente como Bonhoeffer não o foi. Para o bispo, contudo, a linguagem tradicional e bíblica sobre Deus se tinha tornado (pensou ele) tão irrelevante e inacreditável ao homem moderno que a única maneira de ser "honesto" era proceder como se não existisse um Deus. O cristianismo assim purificar-se-ia da "religião" e o cristão, daí por diante, provaria o seu cristianismo não por sua crença em Deus, mas por ser "um homem para os outros".

Do ponto de vista da psicologia religiosa há algo em favor de Bonhoeffer e Robinson. Claramente diagnosticaram o descontentamento do homem moderno com a espécie de religiosidade que, apesar de sua sinceridade, simplesmente abafa e constrange. O homem moderno certamente não se sente à vontade com as formas religiosas tradicionais e antigas! Há uma grande e inegável necessidade de renovação e libertação religiosa, pois o cristianismo realmente e sobretudo promete um espírito de liberdade e de amor, como também um contato vivo e dinâmico com a realidade. Eles apelaram para a necessidade que tem o homem moderno de uma religião que ele sente ser realmente autêntica, e não apenas um misto de imaginação piedosa e submissão às prescrições éticas e rituais. Mas ao proceder assim concluíram que nenhuma religião é a única religião aceitável ao homem moderno. Portanto, pregam um cristianismo sem religião.

Naturalmente, a sua doutrina pode ser facilmente caricaturada, e a aventura um tanto acrobática de ser "honesto para com Deus", negando-o, e ainda crendo secretamente nele, pode, às vezes, parecer um pouco mais complicada do que aquilo que o homem moderno quer aceitar. É, de fato, muito mais intrincada do que aquilo que os cristãos sofisticados fazem, aceitando os conceitos, as imagens e os símbolos de sua religião com a consciência de que estes não comunicaram adequadamente a plena realidade dos mistérios que "ouvido nenhum ouviu e olho algum viu".

Afinal, não constitui nenhuma novidade dizer que Deus, como Ele é em si, nos é desconhecido e mesmo incognoscível a qualquer inteligência criada. A tradição da teologia apofática (não aparente) vai além do Pseudo-Dionísio e dos padres capadócios do século IV, que há muito tempo ensinaram que, se dizemos "Deus é", significando que nele há a plenitude de tudo que podemos conceber como Ser, devemos completar dizendo também "Deus não é", significando que a plenitude do seu Ser está muito além de qualquer coisa que possamos conceber como existindo (pois todos os seres que conhecemos são limitados e circunscritos à sua existência). Entretanto, devemos lembrar-nos que esta tradição da negação mística sempre coexiste, no cristianismo, com a tradição da teologia simbólica na qual aceitam-se os símbolos positivos e analogias do ensino teológico tais como são: aproximações verdadeiras, mas imperfeitas, que nos levam gradativamente àquilo que não pode ser propriamente expresso em linguagem humana.

Fórmulas e símbolos religiosos, artigos da fé, crenças, não têm a finalidade de *provar* nada. Expressam aquilo que foi revelado, mas não são em si a totalidade da revelação. Apontam uma verdade sobrenatural que é invisível e incompreensível. Se alguém se satisfaz com a fórmula ou o símbolo, tornando-o o único objeto de "fé", então realmente não "crê" no sentido pleno da palavra. Meramente subscreve uma fórmula religiosa. O objeto da nossa fé não é uma afirmação sobre Deus, mas o próprio Deus a quem a afirmação designa e que está infinitamente além de qualquer coisa que a afirmação nos pode levar a compreender ou imaginar. A finalidade das crenças é definir claramente quais são os *termos seguros* pelos quais a revelação do invisível pode ser expressa. Os termos podem ser traduzidos na linguagem do pensamento moderno, contanto que sejam fiéis ao seu sentido. Entretanto, essas fórmulas e símbolos realmente nos *dizem* a verdade sobre Deus, e nos capacitam a entrar em contato com Ele, invisivelmente, pelo ato de fé. Vale a pena citar uma passagem de São João da Cruz:

> ...e portanto não repares, nem em parte nem no todo, o que as tuas potências podem compreender. Quero dizer, nunca te queiras satisfazer no que entenderes de Deus, senão no que dele não entenderes. E nunca te detenhas em amar e deleitar-te naquilo que entenderes ou sentires de Deus; mas ama e deleita-te no que não podes entender e sentir dele; porque isso é, como dissemos, buscá-lo na fé... Pois sendo Deus inacessível e escondido... por mais que te pareça que o tens, e o sentes e o entendes, sempre o hás de ter por escondido, e o hás de servir escondido, escondidamente (Cântico Espiritual, I,12).

Isto não é ateísmo, é misticismo, e é, evidentemente, muito diferente daquilo que o Bispo Robinson está dizendo.

Conhecer a Deus pelo "desconhecer" não é mero agnosticismo. Concordar que Deus não deve realmente ser imaginado "lá fora" não é o mesmo que negar todo conhecimento objetivo de sua transcendência. Admitir, com São João da Cruz, que nós nos encontramos com Deus "no mais profundo" de nosso ser não é negar a sua personalidade, mas afirmá-la com mais força do que nunca, pois Ele é também, precisamente, a causa da nossa personalidade, e é respondendo ao seu amor que a nossa liberdade verdadeiramente se desenvolve até a maturidade pessoal. Um cisterciense do século XII, Isaac de Stella, descreve essa experiência apofática de Deus como "o distanciar-se da inteligência não *de* Deus, mas *em* Deus".

Lendo as declarações de Bonhoeffer nas suas cartas escritas enquanto preso, no contexto da sua obra inteira – lembrando que ele morreu relativamente jovem, com o seu pensamento ainda não completamente formado – podemos supor que seu kenotismo "sem Deus" foi provavelmente o resultado de uma profunda evolução pessoal de seu gênio e de sua fé. O problema é que intuições isoladas como estas, fora do seu contexto, transferidas do reino da experiência subjetiva para o do dogma e da teodiceia, facilmente formam sistemas de pensamento enganadores.

Na experiência mística pessoal de São João da Cruz, Deus era conhecido como "desconhecido" e o Todo foi captado como "Nada". Mas São João não concluiu que, por isso, a linguagem teológica da revelação deveria ser inteiramente revolucionada. Ele não procedeu à modificação do Credo: "Eu creio que não há nenhum Deus..." Ao contrário, precisamente por causa de sua intuição mística e apofática de Deus, ele percebeu a importância das firmes e simples afirmações do Credo. A experiência religiosa do cristão plenamente maduro e experimentado é, de muitas maneiras, como a de uma criança, e de outras totalmente diferente. Por isso não se começa por ensinar a uma criança estas verdades últimas na língua paradoxal do misticismo. Somente aqueles que têm uma certa experiência de vida de fé podem aprender estas declarações paradoxais sem erroneamente interpretá-las como sendo "ateísmo" ou "panteísmo".

A "ausência" de Deus, que é normal até um certo grau na vida mística, não deve ser a norma para todo o cristianismo contemporâneo. Não deve ser traduzida da angústia da experiência pessoal para as fórmulas abstratas universais do Credo. A angústia do vazio subjetivo e pessoal não deve ser objetivada e universalizada numa simples declaração da não existência de Deus, quando, de fato, o motivo para suportar essa angústia é a fé na plenitude absoluta do seu Ser e do seu Amor. Todo o sentido da fé é que nos capacita a chegar a uma espécie de contato com Deus que existe além da compreensão. Certamente podem-se sacrificar ideias imperfeitas de Deus a fim de se crer mais perfeitamente! Mas é preciso crer!

Se a voz de uma autoridade teológica declarar e confirmar a dúvida popular de que Deus morreu e não podemos mais crer nele, será de admirar que esta parte da mensagem seja aclamada com entusiasmo por aqueles que não têm nenhuma intenção de aceitar a sua outra parte: isto é, que se deve continuar acreditando, mesmo procedendo como se Deus não existisse?

A Igreja Católica, portanto, continuará ensinando que "Deus é", admitindo, entretanto, que por *alguns* cristãos será experimentado como se não existisse. Com muito cuidado, no entanto, distinguirá entre a impiedade de um mundo confuso ou indiferente, que ainda não respondeu à mensagem da revelação, e a escuridão interior do místico que penetra profundamente nos mistérios inexplicáveis da fé que ele ainda mantém firmemente, crendo nas suas fórmulas simples, universais e objetivas. Não seria um tanto absurdo andar dizendo com loquacidade que todos os homens modernos –

ateus, agnósticos, comunistas, nazistas, racistas, e todos os incrédulos em geral – são atualmente místicos sem percebê-lo!

O mundanismo dos cristãos inspirados por Bonhoeffer caracteriza bem o clima espiritual do nosso tempo, e, por isso, afetará o pensamento católico pós-conciliar, quando os próprios católicos a ele mais se expuserem no seu diálogo com o mundo moderno. Naturalmente, não foi contra esses ateus que o Concílio mais de uma vez nos advertiu. São eles cristãos sinceros, que tentam, a seu modo, talvez excêntrico, preservar para Deus um lugar no mundo ao admitir que tal lugar não existe. (Aparentemente, a ideia é que, uma vez que isto for admitido, os que quiserem continuar sem Deus ajuntar-se-ão e formarão uma Igreja, na qual, vivendo um para o outro e para todo homem, darão testemunho, apesar de tudo, do Deus, servido e amado, como se aí não estivesse. É um tipo de catacumba espiritual, tocante e admirável, a seu próprio modo. Mas duvida-se que o homem moderno, tendo ouvido que, mesmo para os cristãos, não há mais um Deus, aceitará isso como razão final e convincente para que afinal ele vá à Igreja.)

Note-se a ansiedade sintomática desta escola do "ser contemporâneo". "Pode uma pessoa verdadeiramente *contemporânea* não ser ateia?" Sente-se que o que, sobretudo, importa é ter um lugar reconhecível e honrado no mundo contemporâneo. Essa exigência é tão premente que se torna maior do que a exigência de Deus.

Em primeiro lugar, eu acho difícil ver como alguém não pode ser "contemporâneo". Certamente há pouca escolha neste assunto. É algo que se decide sem o nosso concurso! Mas, naturalmente, há certas opções pelas quais alguém pode ser julgado na base da "contemporaneidade". Podemos, alegremente, aceitar o mundo do nosso tempo, a sua estrutura, a sua organização, as suas limitações, os seus riscos, as suas esperanças, de uma maneira "contemporânea". Mas o que significa isso? A pergunta é importante, pois a Igreja Católica está, sem dúvida, se esforçando para fazer precisamente este tipo de decisão contemporânea a respeito do mundo moderno e as suas possibilidades para o bem e para o mal. Se o único tipo realmente contemporâneo de contemporaneidade é o do Bispo Robinson, então o Concílio devia ter aderido solidamente ao ateísmo, e devemos concluir que a sua falha, ao proceder assim, deixa a Igreja na Idade Média.

Se examinarmos este conceito de "ser contemporâneo", concluiremos que é um puro mito e, de fato, um dos mitos mais centrais da nossa sociedade. O mito da contemporaneidade, como o mito do progresso[2] do qual se desenvolveu, exige um estudo mais aprofundado do que o que podemos aqui fazer. É, sem dúvida, um produto secundário de nossa extrema virtuosidade tecnológica. A opulenta mentalidade mercantil do Ocidente capitalista, em que a identidade individual do consumidor é condicionada, em grande parte, por sua capacidade de comprar os modelos mais novos de carros, roupa, e de televisão no momento exato, cria uma determinada

2 Por mito não quero dizer mentira. Mito é uma síntese imaginária de dados e intuições sobre estes, que formam um complexo interpretativo de ideias e imagens. Esse complexo de "valores" então se torna central numa visão do mundo, uma norma de julgamento e de prática. O mito do progresso é uma avaliação sintética e imaginária do homem e da sociedade que supõe estar o homem sempre melhorando (qualitativamente), como resultado do crescente controle quantitativo da matéria e da natureza. Esse "progresso" tende a ser visto como valor absoluto em si. Atualmente, os mitos do progresso, da contemporaneidade etc., têm se tornado o centro de superstições tão tenazes e absurdas como quaisquer superstições religiosas do passado.

atmosfera. Se alguém não está "em dia" no seu ponto de vista, seus gostos, suas decisões (manifestados por um certo tipo de bens), sente que a sua própria existência é, de algum modo, diminuída; sua imagem começou a se desbotar. Está a ponto de perder a realidade. Contemporaneidade é, de fato, *status*, e *status* é identidade, realidade. Ser contemporâneo é ser reconhecido "em dia" num mundo em rápida aceleração, onde não só os gostos, mas toda a visão da arte, da ciência, da filosofia, da literatura e da religião é revolucionada cada três ou cinco anos. Ser contemporâneo é manter o seu lugar, sobreviver num altamente organizado e trepidante dinamismo do efêmero. É um tipo de existencialismo da moda, em que não há fundamento firme e ontológico do ser, mas só o constante e imprevisível fluxo da existência. O que importa é estar bem harmonizado com os sinais mais leves que indicam a próxima revolução de ideias, para que se possa continuar a fazer a opção certa, isto é, contemporânea – no momento exato. Basta um pequeno erro de tempo, e alguém não é mais perfeitamente contemporâneo. Naufraga-se no fluxo de decisões efêmeras e se é superado por outros que têm a habilidade de permanecer contemporâneos.

Tudo que se diz aqui sobre as modas do pensamento e gosto no Ocidente capitalista se aplica ainda mais às variações dogmáticas da linha do Partido Comunista. Aqui, o matiz preciso com o fim de acertar pode significar a vida ou a morte. Vale a pena estar em dia e ser "verdadeiramente contemporâneo".

Claro que daí nasce uma nova variedade de "ortodoxia". No lugar do tipo mais estabelecido e tradicional em que a pessoa aderia à verdade, para sempre certa, essa nova ortodoxia secular, desprezando a tradição religiosa, é, de fato, muito mais exigente. Aqui já não basta tomar a decisão certa e segui-la por toda a vida: há que decidir sempre de novo, cada dia, mesmo quando o "certo" de hoje for o "errado" de ontem. Além disso, enquanto o tipo mais estático de ortodoxia tendeu a definir bastante precisamente o que se devia aceitar, aqui nada é preciso, tudo se deve adivinhar e apreender por intuição. Por isso, o novo "crente" deve ser muito mais atento, muito melhor informado, e muito ágil[3].

Agora, visto que isso é o preço que se deve pagar por uma audiência no mundo moderno, e visto que Deus não é nada contemporâneo (está escondido no abismo do Ser puro e fora do fluxo da existência temporal), então tem-se aparentemente que abandonar a Deus para ter o direito a uma audiência. Mas o problema surge: uma vez que o cristão ganha audiência, o que prega ele senão Deus, Cristo, e a Igreja? Bem, há talvez outras coisas que pode fazer, enquanto espera até que esses assuntos retornem de novo à moda. Ele pode tocar violão. Um outro aspecto do diálogo com o mundo moderno que o Concílio infelizmente negligenciou!

Do ponto de vista católico, então, a crítica mais séria deste admitidamente sincero, caridoso e solícito cristianismo "sem religião" é que não parece ser cristão. Não que "religião", no sentido paulino dos "elementos" do ritual e adoração humanos, seja necessária ao cristianismo, mas um certo fundamento ontológico e teológico *é* necessário.

---

3 Estamos aqui, naturalmente, discutindo não a fé católica, mas o compromisso secular na política, na ciência, na literatura e na vida civil em geral: numa palavra, o problema do ser "verdadeiramente contemporâneo".

Para ganhar uma audiência no mundo moderno, para "ser contemporâneo", esse cristianismo dispensa a revelação cristã de Deus, em Cristo, e aceita o que é, na realidade, um conceito materialista do homem. O homem é um produto acidental do desenvolvimento biológico. Nele, a matéria, herdada de animais antepassados, adquire consciência. Num estado primitivo do seu crescimento, o homem não era capaz de lidar com o juízo de sua consciência sem a ajuda de mitos sobre Deus, pecado e salvação. Agora, entretanto, chegou à "maioridade". O homem deve aprender a viver sem Deus (pois Deus não existe – ou "está morto"). O homem tem que aceitar a sua própria existência e torná-la significativa, rejeitando todas as loucuras e pretensões de "interioridade" e religião, e dedicando-se aos outros na construção de uma sociedade tecnológica. De fato, uma sociedade massificada. Em outras palavras, o "conceito científico do homem" acabou definitivamente com toda a revelação, e aqueles que ainda se consideram "crentes" devem ter a coragem e a honestidade de admitir que a sua crença é mera nostalgia de um Deus que nunca existiu. Vendo que ninguém sabe bem por que esta nostalgia permanece, então se torna mesmo irrelevante falar sobre o fato de que Deus está morto, mas a própria "religião-sem-religião" ainda se apega a algo que constitui uma "mensagem" – não é uma religião, não prega Deus, nem a redenção, mas ainda tem um querigma de amor. Por quê? Nenhuma explicação é dada. O amor já é a sua própria explicação. Mas, então, o que é o amor? Como se evidencia que o próprio amor não é uma ilusão? Não é isso mero sentimentalismo? Se podemos dispensar Deus, por que não o amor? Por que a lógica de *kénosis* para exatamente onde para? Não podemos dizer que a fé num

Deus vivo, que se revela como amor, não é mais consistente, afinal?

De fato, esta capacidade de sobreviver sem Deus é o que, em linguagem secular, é aceito como a "maioridade" do homem. Assim vemos que esta "maioridade" é um outro aspecto do mito da contemporaneidade. O homem adulto, moderno e contemporâneo tem como certo que "Deus está morto", e continua sem qualquer sensação de perda. Ele pode prescindir de Deus. Mas, se olharmos com mais cuidado, descobriremos que isso resulta não tanto do raciocínio como do ato de fé secular. Defrontamo-nos com o paradoxo que a confiança em si mesmo e a incredulidade do homem moderno são uma crença! E, curiosamente, os cristãos estão usando a linguagem dessa "crença" para tornar a sua fé compreensível ao homem moderno. Mas, ao proceder assim, os cristãos se esquecem de que o moderno ato de fé na incredulidade exige um esforço constantemente renovado de *excluir* e *rejeitar* a Deus de sua visão do mundo adulta. A ideia latente na teologia de Bonhoeffer e Robinson parece ser que, se ajudarmos o homem no seu ato de incredulidade, levá-lo-emos para mais perto de Deus.

Deixando por ora este assunto, digamos simplesmente que, quando alguém está por demais preocupado em "ser verdadeiramente contemporâneo", pode talvez desviar-se em seu julgamento "do que é e do que não é contemporâneo". Aqui, acho eu, temos que admitir que isso de modo algum está certo e nem sequer existe realmente um "homem secular" contemporâneo, para quem toda a ideia de Deus e de Cristo é essencialmente sem sentido. É também exagerado dizer que, para o homem realmente contemporâneo, Deus só é concebível como uma hipótese da qual ele não precisa mais. Nem está o "conceito científico de homem" definitivamente estabelecido como ateu. Afinal, há muitos dentre nós que tiveram a experiência de serem seres humanos "modernos" e bem "contemporâneos"; que viveram plenamente imersos numa sociedade onde Deus estava, de fato, demitido como irrelevante, e ainda, ao receber o dom da fé, percebemos a verdade do velho dito: "creia e compreenderá". Isto vale para os intelectuais, técnicos, cientistas e todos os tipos de "homens modernos". Sem dúvida, é verdade também que o homem moderno não pode compreender os símbolos e as imagens, ainda menos os conceitos abstratos, pelos quais a Igreja falou de Deus cem, duzentos ou quinhentos anos atrás.

Não é verdade, porém, que o homem moderno seja incapaz de crer. A fé não depende desta ou daquela psicologia, desta ou daquela cultura, deste ou daquele grupo de símbolos. A fé é um dom divino que pode apoderar-se da mente de qualquer homem, a qualquer tempo, em qualquer cultura, em qualquer língua, independente de ser ou não científica. Mas, naturalmente, se é para ser uma fé plena e indubitavelmente cristã, deve ser uma resposta à pregação cristã da mensagem evangélica. E aqui, realmente, precisamos de uma linguagem contemporânea. Não há dúvida nenhuma de que as imagens convencionais e gastas pelo uso em que as nossas relações com Deus e com Cristo são expressas, são, às vezes, irrelevantes no mundo moderno. Mesmo assim, onde está o problema? Nos "mitos" da Bíblia? Ou melhor, na nossa experiência cansada e estéril da verdade cristã? Sente-se que o problema não é tanto com a Bíblia ou com Santo Tomás, mas conosco, com os cristãos. Se realmente penetrássemos nestas verdades, se realmente as vivêssemos em nossa vida "contemporânea", elas se transformariam naturalmente em termos que tocariam o nosso irmão contemporâneo. A Constituição francamente admite (n. 19) que muito do ateísmo moderno deve-se, de fato, ao lamentável exemplo de um pseudocristianismo no qual os cristãos, "necessário se faz dizer, escondem, mais do que manifestam, a face genuína de Deus e da religião". Em outras palavras, o que se requer de nós não é tanto que descartemos todos os símbolos da revelação bíblica e toda a terminologia tradicional da nossa fé para substituí-las por um jargão pseudocientífico religioso que seria, no melhor dos casos, válido para os próximos vinte anos. O que se requer dos cristãos é que desenvolvam uma *consciência* inteiramente moderna e contemporânea onde a sua experiência de homens de nosso século se integre com a sua experiência de filhos de Deus redimidos por Cristo. A fraqueza da nossa linguagem cristã se acha não tanto na teologia e na crença formuladas, como na divisão que separa a nossa fé cristã do resto da nossa vida. Com efeito, a tarefa de transpor esse abismo foi deixada à ética, e o resultado não tem sido satisfatório. A nossa aparência no mundo, com algumas posições católicas intransigentes na ética, nos marcou como devotos e sérios, mas não nos fez mais compreensíveis aos nossos contemporâneos, que de nenhum modo sabem *por que* damos, por exemplo, tanta importância à indissolubilidade do casamento. Acham eles que é apenas algo que devemos aceitar porque somos católicos, se dissermos a verdade, muito dentre nós não terão melhores razões.

Certamente é uma das coisas que o Concílio está a nos dizer. Que se cultivarmos uma mentalidade especial e excêntrica que nos separe do mundo, se em vez de experimentar a nossa fé de um modo condizente ao nosso tempo, simplesmente buscarmos refugiar-nos do mundo numa linguagem de interioridade e piedade que é, de fato, antiquada e irreal mesmo para nós, então não poderemos realmente comunicar nenhuma mensagem ao nosso irmão contemporâneo e incrédulo. Observará ele a nossa piedade, sem dúvida nos dará crédito por nossa sinceridade, mas verá que, simplesmente, construímos um pequeno refúgio mental e espiritual para nós mesmos, uma sensação de santuário e nostalgia, algo inacessível a alguém como ele. E tem que permanecer inacessível, visto que ele não tem nenhum motivo para separar tal refúgio para si.

O problema não se restringe apenas ao nosso próximo incrédulo. Sempre supomos, fácil e muito naturalmente, que a sua falta de interesse pelo nosso santuário interior fosse, talvez, devido a um apego secreto ao pecado, ou a um duro núcleo de resistência à graça. Mas agora, com a nova atitude da Igreja diante do mundo, não mais nos é permitido fazer tais suposições gerais. Aqui podemos citar Bonhoeffer de novo, e desta vez, embora seja uma de suas declarações mais audaciosas, para alguns, talvez, a mais chocante, pode ser considerada como uma das visões mais penetrantes do cristianismo "sem religião". Diz que a nossa aceitação da "descrença" do mundo é, até certo ponto, preferível – porque mais real a mera "busca de refúgio na interioridade". Precisamente, em virtude da nossa fé cristã, podemos tornar-nos capazes de ver essa descrença numa nova luz. *"Agora que o mundo atingiu a maioridade, mais afastado de Deus, talvez esteja, por esta razão, mais perto de Deus do que nunca"*[4].

---

4 O teólogo ortodoxo russo Paul Evdokimov, no seu livro mais recente, frisa o mesmo ponto: "É possível que o mundo esteja mais perto da fé religiosa do que nunca. A ciência não apresenta mais nenhuma dificuldade, o ateísmo não pode mais avançar nenhum sério argumento" (*Les Ages de la Vie Spirituelle,* Paris, 1964, p. 40). Ressalta, entretanto, que o grande obstáculo é a displicência dos fiéis. Discorda assim, notavelmente, do Bispo Robinson e

Neste ponto, se quiséssemos ser exigentes na lógica, perguntaríamos o que adianta estar "mais perto de Deus" se Deus está morto? Mas devemos lembrar-nos que o kenosismo de Bonhoeffer é o esvaziamento de todo pensamento, linguagem, "interioridade", hábitos e atitudes religiosas mentais, para que, não sobrando nada, fiquemos "com Deus", embora pareça que não há um Deus – e o interesse será não mais pelas ideias de Deus, mas pelas necessidades reais do homem.

No entanto, esvaziar-se de teologia, de religião, e de interioridade e encher-se de outras ideologias que são ainda mais confusas não parece ajudar muito a levar os homens, embora tão sub-repticiamente, para "perto de Deus". Para o próprio Bonhoeffer, sem dúvida, ao fim de uma longa evolução religiosa que o levou "além da religião", não houve perigo. Mas o que, então, do "homem ordinário" confuso e perturbado que, desnorteado, procura por exemplo conforto numa religião mundana de nacionalismo e racismo?

Devemos certamente lembrar-nos de que Bonhoeffer absolutamente se opôs ao nazismo e tudo o que ele significou. Viu o mundo do nazismo e da tirania como um mal a ser sofrido em união com Cristo. Não disse que os SS estivessem mais perto de Deus do que os mártires e santos cristãos. Nem tampouco que o ateísmo militante deva ser preferido à confissão de Cristo e da sua

---

de Bonhoeffer. Os fiéis afirmam que creem em Deus e "agem como se Ele não existisse". Em outras palavras, agir com se Deus não existisse não é, na opinião de Paul Evdokimov, um fundamento para nossa satisfação. Quanto aos incrédulos, longe de os considerar totalmente indiferentes, vê neles uma *nostalgie de Dieu* "mais profunda do que a autossatisfação do crente". Este é também o ponto de vista de muitos católicos. Hans Urs von Balthasar desenvolve uma ideia análoga: o pecador, para quem Deus está morto, se aproxima do amor redentor de Deus, em *Der Wagnis der Nachfolge*, p. 23-24.

Igreja. Dizia, sim, que o cristão, fiel à sua fé e a Cristo, deve agora ser suficientemente humilde e corajoso para admitir, com toda a sua fé, e mesmo com toda a sua teologia, que tem sido um servo inútil e que o mundo sem Deus (agora não dos nazistas, mas dos homens de boa vontade) na sua futilidade e abandono religioso pode estar, pela graça inescrutável de Deus, mais perto dele do que os crentes e as Igrejas.

Aqui de novo nos deparamos com sentidos diferentes do termo "o mundo", mesmo quando considerado como "sem Deus". Mesmo quando, para alguém como Bonhoeffer, "estar sem Deus" se torna um termo de aprovação, percebe-se que o "estar sem Deus" que ele aprovou não foi o do regime que estava decidido a derrubar com o risco de sua própria vida. A resistência de Bonhoeffer contra o hitlerismo e contra a forma peculiar do "estar sem Deus" dos nazistas foi ditada pela sua consciência cristã. Vemos assim, mais uma vez, que, ao interpretar as declarações dessa escola, devemos lê-las inteiramente no contexto da sinceridade subjetiva e da experiência pessoal, e em termos de situações sempre mutáveis.

Infelizmente, quando declarações dramáticas sobre um "santo afastamento de Deus" se tornam gerais e universais, facilmente podem ser aplicadas para significar o oposto daquilo que elas expressam. E como vamos nós saber em que ponto o afastamento de Deus deixa de ser um "afastamento bom" e se torna algo a ser evitado? O Bispo Robinson, por exemplo, irá até às últimas consequências, com Sartre? Uma festa de "Saint Genet" deverá constar no calendário do novo cristianismo?

A Constituição Conciliar deixa muito claro que o ateísmo sistemático, ao sustentar que, para o homem, a liberdade é "ser em si o seu próprio fim" (n. 20), coloca-se proposital e formalmente em oposição à revelação cristã que afirma estar em Deus o princípio e o fim do homem, e que, sem a ajuda de Deus, o homem não pode usar bem da sua liberdade dada por Ele. O ateísmo afirma, ao contrário, que o homem precisa libertar-se de Deus justamente porque a sua "ilusão" de dependência de Deus o impede de atingir a maioridade e de fazer um uso maduro de sua liberdade. É a religião, diz o ateísmo marxista, que impede ao homem um uso pleno do seu conhecimento e poder na construção de um mundo, uma "cidade secular" na qual encontrará a felicidade completa e suficiente.

3
Deus e o mundo

A escola de Bonhoeffer-Robinson sustenta que o cristão deve adotar a visão contemporânea de "Deus está morto", tornar-se um adulto, esquecer-se da religiosidade e piedade interior, construir a cidade secular, e assim estará *mais perto de Deus*. Podemos dizer que tal visão se baseia numa escolha entre Deus e o homem? Essa escola simplesmente pergunta: "Se formos forçados a escolher entre uma fé árida e formalista em Deus 'lá fora', e um amor dinâmico e criativo do homem aqui e agora, abandonaremos a ideia de Deus e escolheremos o homem? Cremos, deste modo, que estaremos mais perto de Deus, na sua absoluta obscuridade, pois Ele se esvaziou para se tornar homem e manifestar-se *somente* no homem". Esta escolha tem aspectos admiráveis. Prefere a realidade e o risco à segurança e formulações abstratas. Deprime-a uma religiosidade que discute interminavelmente sobre um Deus nos céus e não mostra nenhum interesse pelo homem na terra. Esta última religiosidade, pela mesma escolha implícita, parece dizer: "Se formos forçados a escolher entre o homem pecador, perverso, ganancioso, lascivo e o Pai eterno nos céus, certamente daremos as costas à maldade humana e nos prostraremos diante do Pai".

Entretanto, estas duas escolhas se equivocam, porque não há tal divisão no cristianismo. Não é simplesmente *ou* Deus *ou* o homem, mas encontrar Deus amando ao homem, e descobrir o sentido verdadeiro do homem em nosso amor para com Deus. Uma não é possível sem a outra. Por isso, o Concílio discorda de que possamos apreciar a dignidade e maioridade do homem somente decidindo-nos a favor dele e contra Deus. A dignidade e liberdade do homem, diz a Igreja, ficam frustradas ou deformadas sem uma fé consciente e autêntica em Deus. "Faltando, ao contrário, o fundamento divino e a esperança da vida eterna, a dignidade do homem é prejudicada de modo gravíssimo, como se vê hoje com frequência" (n. 21). Por isso, a Igreja apela não só para o dogma, mas para o senso comum e a experiência universal dos nossos tempos. Certamente, seríamos frívolos aceitando uma visão idílica da impiedade quando os seus resultados têm sido, e são, tão evidentes e tão terríveis. A Igreja por isso continuará a ensinar que o amor do homem é inseguro e ilusório a não ser que proceda da ação oculta do amor de Deus e da graça. O amor de Deus é fonte de todo amor vivo e autêntico para com os outros homens.

Nosso longo comentário sobre o "cristianismo sem religião" foi necessário e de muita importância para um posterior comentário sobre a "situação de diáspora" dos cristãos contemporâneos.

Contudo, nem todo pensamento fora do cristianismo é "sem-Deus". Existe também, em fermentação, uma angustiada fome de Deus que estaca diante do cristianismo, pois sente que a visão de Deus do cristão médio é sem vida e convencional. Procura "criar" uma nova linguagem simbólica para as coisas de Deus.

Rilke é, de muitos modos, uma testemunha típica de uma certa espécie de moderna consciência religiosa. Ele não era "sem Deus". A sua herança era profundamente católica e, como tantos contemporâneos, achou que não podia aceitar muito da ordinária crença e prática católica. Menos católico do que Péguy, por exemplo, menos maniqueísta do que Simone Weil, a sua consciência poética adotou uma ideia simbólica e espiritual de ciclos históricos da vitalidade religiosa. Uma época encontra Deus na simplicidade. A seguinte lhe "constrói templos". A posterior considera os templos vazios e tira-lhes as pedras a fim de construir casas para os homens. Então, vem mais uma geração que de novo procura Deus. Rilke se considerou (pelo menos quando escreveu o *Livro das Horas* (*Stundenbuch*) como alguém que, oculto, busca a Deus num mundo em que os templos ficaram vazios e semidestruídos. Na sua opinião, o homem agora deve olhar o *futuro* para encontrar Deus que se há de manifestar na história vindoura, não em nova revelação, mas num esforço criativo do homem que tornará o cosmo mais uma vez "transparente". Os homens poderão ver de novo Deus no seu mundo. Isto tem algo de comum com a mundanidade de Bonhoeffer e de Teilhard de Chardin, como também atrai aqueles cristãos cuja consciência tem sido influenciada por uma visão de mundo marxista. Para Rilk, a própria arte tinha dimensão cósmica, religiosa e profética. Para os outros, a ciência assume essa função. Não me detenho na análise teológica dessas ideias. Apenas indico que elas são características da mente contemporânea. Com efeito, Bonhoeffer é hoje muito popular entre os cristãos dos países comunistas. Provavelmente ele é mais lido e entendido na Alemanha Oriental do que na Ocidental. Mas notemos incidentalmente que Teilhard de Chardin é o único pensador católico do nosso tempo plenamente apreciado mesmo pelos não cristãos e marxistas, nos países comunistas.

A menção de Teilhard é naturalmente obrigatória em qualquer discussão sobre a Igreja e o mundo moderno. Quaisquer que sejam as ambiguidades da sua doutrina (não tenho nenhuma intenção de analisá-las aqui), Teilhard de Chardin incontestavelmente tem feito mais do que qualquer outro cristão para expressar uma profunda e viva experiência cristã na linguagem da visão do mundo moderna e científica.

Particularmente, repetidas vezes, nega que os cristãos devam desprezar e rejeitar o mundo da matéria e da ciência em nome de Cristo. Ao contrário, o cerne da sua mensagem é que "em nome da nossa fé temos o direito e obrigação de nos tornarmos apaixonados das coisas da terra". Naturalmente, mesmo a "visão do mundo científica" de Teilhard é limitada. Não devemos atribuir-lhe onisciência científica, nem afirmar que ele fale em nome de todas as ciências. Teilhard era um paleontólogo, e suas ideias sobre a evolução são próprias do seu estudo do homem pré-histórico. Precisam ser completadas pelo trabalho de outros cientistas. Mas o valor de Teilhard está em ter sido um cientista católico que deu aos demais cientistas um trabalho para fazer, e abriu-lhes os olhos às perspectivas cristãs. Se por ter agido assim ele se expôs à crítica tanto como cientista quanto como teólogo, isso não altera o fato de que os seus escritos apontam o caminho de um horizonte novo e importante na espiritualidade cristã. Aqui, mais do que nos teólogos do "Deus está morto", temos um crente cristão, por alguns até considerado como místico, que pode falar a linguagem do homem contemporâneo sem comprometer absolutamente a sua fé em Deus e em Cristo. O respeito que lhe conferem círculos científicos, mesmo entre ateus, mostra claramente que *não* é necessário clamar "Deus está morto", antes de conseguir uma audiência, pela mensagem cristã, no mundo moderno.

O debate conciliar sobre o "Esquema XIII" mais de uma vez menciona o nome de Teilhard e às vezes, indiscutivelmente, torna seu o conhecido tom teilhardiano. Não nos surpreende o que o próprio Papa Paulo VI teria dito ao Cardeal Feltin: "Teilhard é um homem indispensável aos nossos tempos; a sua expressão da fé nos é necessária".

É verdade que há ainda muita oposição à doutrina de Teilhard. Entretanto, como frequentemente acontece, as tentativas de repressão de silenciar uma voz à qual os homens estão ávidos por corresponder têm somente resultado em acolhida mais apaixonada, e Teilhard se constitui em símbolo da nova visão católica do mundo moderno. O ardor da admiração por Teilhard e o fervor com o qual muitos se identificam com ele, emocional e espiritualmente, tende a pô-lo numa perspectiva falsa. Mas estudiosos, como de Lubac, extremamente favoráveis a Teilhard, estão aí para restaurar o equilíbrio.

Esta enérgica tentativa de expressar a fé católica na linguagem científica moderna certamente não pode ser desprezada, e a voz de Teilhard é agora tão familiar que jamais será silenciada. Mesmo aqueles que nunca o leram – de fato alguns dos seus opositores – serão surpreendidos repetindo sua linguagem que já se tornou propriedade comum.

Precisamos de mais vozes assim. Porque devemos francamente aceitar que vivemos numa cultura, apesar de todos os seus elementos cristãos sobreviventes, essencialmente ateia. O humanismo tecnológico do mundo moderno constrói uma civilização em que Deus e a religião são, na melhor das hipóteses, tolerados, mas em que a visão do mundo predominante exclui simplesmente a Deus. Isto é tão verdadeiro que, como já vimos, alguém não pode parecer plenamente contemporâneo sem concordar com essa recusa de Deus (Bonhoeffer tenta ajustar-se a essa recusa sem fazê-la ele próprio). Mas, como a recusa religiosa do "mundo" é ambígua, assim a recusa do mundo em relação a Deus e a Cristo é ainda mais ambígua.

É um truísmo dizer que o "deus" supostamente destruído no raciocínio ateu não é um deus. Este deus de palha é, de fato, um objeto contingente, limitado, falível, e sem poder, uma coisa entre as demais; no melhor dos casos, uma imitação. Tal "deus" não tem nenhum direito de existir, mas o ateu não tem razão de orgulhar-se de verificar isso. Se, contudo, persistir em pensar que realmente fez uma descoberta ao provar a não existência dessa miragem, provavelmente é porque tantas pessoas religiosas – e muitos livros religiosos – dão a impressão de que tal ser vago e limitado é de fato o Deus da fé religiosa. Infelizmente, para muitos "crentes", o Deus em que creem não é o Deus vivo, mas uma hipótese apologética.

Não há necessidade alguma, aqui, de investigar as provas da existência de Deus. Basta dizer que toda a aventura de provar que Deus existe pode tornar-se muito ambígua, por exemplo, quando apologetas pretendem demonstrar a sua existência pelo raciocínio empregado na ciência. Isto é, provam uma hipótese. Mas todo o problema de Deus se situa numa ordem inteiramente diferente, e o apologeta irrefletido que o torna logo de início uma hipótese, por isso mesmo torna sua existência *menos* credível.

O simples fato de tratar Deus como uma hipótese é a mesma coisa que tratá-lo como um existente que possa ou não existir – como uma *possibilidade.* Mas começar com Deus como uma *possibilidade é* começar num caminho que desvia de Deus, pois todo o sentido de "Deus" é de um Ser subsistente, *necessário* e *absoluto* – um Ser cuja *essência é existir*. Aceitar Deus como uma possibilidade que possa existir, e então dizer que de fato *existe*, não prova absolutamente nada.

Há muito de verdade no argumento de Bonhoeffer quando diz que Deus é uma hipótese de que a ciência prescinde. Quer dizer que, uma vez que Deus está inteiramente "fora", e é totalmente outro que a ordem física e material das coisas existentes, o que a investiga pode validamente assim proceder sem qualquer conhecimento de Deus. Mas se a hipótese da existência de Deus é secundária à ciência como tal, então igualmente o é a hipótese de sua não existência. O homem moderno que pretende viver e pensar *somente* em termos de ciência pode, por isso, ignorar o problema de Deus enquanto vive de fato somente em termos de ciência. Contudo, surge imediatamente o problema: pode o homem viver *somente* em termos de ciência e ser plenamente humano? A Igreja sempre tem respondido "não" a tal pergunta. As profundezas do ser humano, a sua capacidade de sabedoria, de liberdade e de amor, não se satisfazem com uma visão meramente quantitativa e empírica da vida, limitada apenas à matéria. As potencialidades mais profundas e essenciais do homem ficam defeituosas, empobrecidas e irrealizadas num mundo sem valor e sem espírito – um mundo meramente de números e máquinas.

Por outro lado, não vale a pena tentar preencher essas possibilidades introduzindo Deus como uma espécie de máquina suprema – ou mecânico supremo – como se a sua essência fosse não só conhecível ao cientista, mas relevante à física. De fato, este tipo de argumento implicitamente postula Deus como um objeto físico, e então argumenta, a partir de outros objetos, que Ele deve existir "lá fora" como uma força física que coordena e governa a máquina do universo. Os argumentos clássicos de Deus como o "Motor não movido" e a "Causa não causada" não são compreensíveis fora da estrutura da visão de mundo de Aristóteles. Aqui, Deus nunca é visto como fazendo parte de um *sistema de causas* e, por isso, *pode ser empiricamente deduzível.* Nem o fato de sua existência nos dá um conhecimento claro de quem ou de que Ele é[5]. Deus está completa e necessariamente fora da ordem empírica e física das coisas, pois se dela fizesse parte seria um ser limitado e físico, e por isso não Deus.

Nesse caso, o ateu está com a razão em rejeitar certas ideias bem-intencionadas de Deus como simplesmente insuficientes e incríveis. Nenhuma ideia de Deus pode ter qualquer valor se não se baseia firmemente *num senso metafísico do Ser.*

Para a teodiceia católica, Deus não é simplesmente um dos muitos existentes que exercem influência causal sobre outros. Ele é o próprio Ser subsistente, *ens a*

---

5 Visto que Deus é o primeiro, de todos os pontos de vista e em relação a todo o resto, Ele não pode entrar em composição com qualquer outra coisa. A causa de todos os outros seres não pode fazer parte da composição de nenhum deles. Consequentemente, Deus é simples. A sua própria simplicidade tem muitas consequências. Porque elementos corpóreos estão em potência em relação ao movimento e ao ser, eles não são simples; por isso, Deus não pode ser corpóreo. Pela mesma razão, uma vez que Deus é ato puro não é composto de matéria e forma. Nem é sujeito dotado da sua própria forma, essência ou natureza. A divindade é algo que Deus *é,* e não algo que Ele *tem* (cf. S.T. 1,3,1-3; C.G. 1,20). Mas que ser é este que *é* tudo aquilo que dele pode ser dito, e que nada *tem?* Ele *é quem é.* Visto que Deus *é* o que outros seres só *têm,* não há nele nenhuma essência distinta para unir-se com o ato de ser. Este ser único, o único cuja essência é "ser", é tão perfeitamente simples que é o seu próprio ser (S.T. 1,3,4; C.G. 1,22). Etienne Gilson, *History of Christian Philosophy in the Middle Ages*, p. 371.

se, ipsum esse subsistens, e a causa do ser, *causa essendi,* de tudo que existe. Este não é um conceito físico, mas metafísico, e não pode ser entendido a não ser que se tenha primeiramente uma intuição do *ser* como distinto do fluxo de existentes e dos processos cósmicos. Transferir o problema de Deus do campo da metafísica para aquele (pelo menos implicitamente) da física da moção e da mudança quantitativa é dar aos ateus toda razão de desprezar os nossos argumentos. Mas, coisa curiosa, o pensamento moderno ainda agora busca a Deus como imanente no processo da evolução.

O célebre argumento de Santo Anselmo, erroneamente denominado "argumento ontológico"[6], no seu caso não se inicia com Deus *como uma hipótese* e argumenta que, porque podemos ter uma hipótese do Ser mais elevado, deve haver um ser mais elevado. Parte, ao contrário, de uma intuição religiosa e metafísica da natureza do Ser, da realidade última como apreendida por intuição no e pelo nosso fundamento metafísico. Dessa realidade argumenta um Ser infinito, não como algo situado no fim de uma longa fila de outros objetos, mas como a fonte e a justificação não objetivas do Ser como tal e de todos os seres existentes.

A força e fraqueza do argumento de Anselmo se encontram precisamente na profunda intuição religiosa de seu ponto de partida. Karl Barth claramente percebeu isso na sua análise compreensiva de Anselmo, e o teólogo ortodoxo Evdokimov igualmente se impressionou com isso. Para Anselmo, Deus é precisamente o UM pelo qual a existência *não* é uma "possibilidade". Por isso, não argumenta, como pode parecer a alguém, que, porque

---

6 O termo "argumento ontológico" pode ser aplicado mais corretamente aos argumentos semelhantes de Descartes e Kant.

Deus é possível, é necessário. Muito ao contrário, porque Deus é necessário, tudo o mais é possível. Duns Scotus diria isso mais tarde, com maior clareza. A partir do momento em que algo está "em Ser" ou compartilha do ser por sua existência, há realmente o ser; e se há realidade limitada, deve haver realidade *pura.* Essa realidade pura, o ser necessário que *não pode não ser,* é o que nós chamamos Deus. Assim, Anselmo é, a seu modo, um empírico: aduz a evidência que para ele é empírica, mas não é a evidência de laboratório. É a sua intuição pessoal do Ser como que botando em realidade infinita. Pertence à ordem da experiência religiosa e metafísica. Mas não é esotérica nem mística: é simplesmente uma visão interior natural ao homem (pois o homem é um ser inteligente com uma capacidade de experimentar o fundamento metafísico do seu ser) – uma visão interior que, portanto, pertence à ordem da sabedoria e não da ciência.

Embora esta capacidade da visão sapiencial seja natural ao homem, pode ser turvada ou perdida totalmente quando alguém está sujeito a certas influências culturais, e acontece que a nossa própria cultura, centrada no pensamento mecânico e quantitativo, é especialmente desfavorável ao desenvolvimento da visão interior metafísica. Faltando esse senso do ser, não se deve admirar que o homem moderno facilmente possa perder-se no otimismo superficial de um ponto de vista quantitativo e positivista ou no desespero de um existente que não tem consciência de qualquer fundamento do ser e, por isso, de qualquer razão de existir.

A Constituição sobre a Igreja no Mundo de Hoje assume uma posição intermediária entre estes dois tipos de mundanidade: o tipo coletivista, científico e otimista (ainda favorecido pelos marxistas) e o desesperado ateísmo existencialista que floresce na decadência do individualismo e cultura ocidental.

A confiança ilimitada na ciência, tão característica do século XIX, e, às vezes, desmentida pelos maiores cientistas do século XX, reflete-se na declaração do biólogo soviético Pavlov (na década de 1920): "Só a ciência, a ciência exata da própria natureza humana e a mais sincera abordagem em relação a ela pela ajuda do onipotente método científico, salvarão o homem da sua presente angústia, e o purificarão de sua vergonha contemporânea na esfera das relações humanas". Essa declaração nada científica sobre a ciência é muito típica de uma certa mitologia popular, constituindo-se num dogma do pensamento comunista. Temos aqui um exemplo do que se pode chamar uma soteriologia materialista da ciência. A ciência não apenas é infalível e onipotente, mas ela *salva*. Salva de quê? Bem, da angústia, naturalmente! O homem presentemente se encontra triste porque não tem todas as coisas que podem torná-lo feliz. E o salva da "vergonha na esfera das relações humanas", isto é, da injustiça econômica e social. Não há dúvida que o homem precisa salvar-se dessa "vergonha", como também não há dúvida que o Concílio mostrou um respeito sadio pelo que a ciência *tem que cumprir* na obra da criação de uma sociedade justa e equitativa: mas considerar "o onipotente método científico como o único salvador" neste ou em qualquer outro campo é pura superstição.

De fato, um dos mais importantes fatores na nossa presente crise mundial é a incapacidade da ciência para resolver sozinha os mais urgentes problemas humanos. Não há dúvida de que, se os métodos científicos fossem *aplicados* mais sabiamente à solução desses problemas, seriam extremamente úteis. Mas a ciência, abandonada a si mesma, não pode aplicar-se a esta obra. Isto requer uma sabedoria moral e metafísica que está acima da ciência, e que, infelizmente, nos falta: deixada a si e a suas "leis", a ciência só nos envolve mais e mais nas complexidades e desumanidades indizíveis da guerra, violência, exploração e crueldade para com o nosso irmão, mesmo quando sinceramente procuramos ajudá-lo[7].

---

7 Naturalmente, há cientistas que também são homens *sábios* e julgam pela luz da sua sabedoria. Tais julgamentos são superiores aos da ciência.

4
O protesto do vitalismo

Esta supersticiosa reverência para com a ciência – mais um dos mitos de nosso tempo – veio preencher o vazio deixado no homem moderno pela "morte de Deus". Notemos, porém, que nem todos os homens modernos partilham desse sagrado pavor. Há uma rebelião bastante difundida contra o vigente culto à ciência, uma rebelião às vezes profética e às vezes apenas petulante que, se não ataca a ciência diretamente, no mínimo despreza a cultura dela proveniente. Este protesto é, sobretudo, forjado por artistas e autores que desenvolveram uma escatologia própria, por vezes de uma perspicácia analítica geralmente negativa e anárquica na sua previsão do futuro. É o protesto poético levantado por aqueles que alegam falar em nome da humanidade contra uma visão do mundo mecanicista e desumana, um humanismo falso, facilmente avaliado por seus frutos – a guerra fria, o farisaísmo político e econômico, a completa irracionalidade da sociedade em massa, e a ameaça da destruição nuclear, tão real e gigantesca que, na maior parte do tempo, as pessoas nem pensam nela – a não ser que se deleitem no tipo de exercício mental que associamos ao nome de Herman Kahn.

Este protesto anticientífico do artista e do intelectual nem sempre é sensato. Às vezes pode ser demasiadamente negativo, mal-informado, obstinado e histérico. Contudo, ainda é basicamente válido e, em alguns casos, genuinamente profético. Podemos acrescentar que estes artistas, poetas e filósofos seculares precederam a própria Igreja e foram mais ativos do que ela na luta e na oposição franca à guerra total, à ditadura moderna e ao abuso da tecnologia.

Uma vez que este protesto é proferido em nome da vida e do espírito, tem motivos muito positivos para atrair a nossa simpatia e a nossa atenção, embora possa, por vezes, tender a um tipo de gnosticismo ou panteísmo científico. Embora as nuanças de expressão deste protesto sejam várias, chamemos esta corrente filosófica e estética pelo nome de "vitalismo". Isto sugere que uma das suas fontes de inspiração seja Bergson. Podemos acrescentar muitos outros, uns ateus, outros não – Nietzsche, Kierkegaard, Scheler, Berdyaev, Freud, Jung, D.H. Lawrence, Rilke, Dostoiévsky, Gandhi, Heidegger, Whitehead, Cassirer, e assim por diante – uma turma mesclada de nomes representativos, alguns perto, outros longe do cristianismo ortodoxo. Entre os católicos, Gabriel Marcel e Teilhard de Chardin se acham perto do vitalismo. Todos se preocupam com o homem moderno e, acrescentemos, com a sua "salvação". Eles procuram esta salvação não só através da ciência, mas também pelas forças internas de transformação que dentro do próprio homem podem ser traduzidas em ação – e, sem dúvida, com alguma ajuda da ciência. Esta corrente vitalista oscila entre cientificismo puro e pura negação da vida moderna. É uma mística religioso-científica que aceita, até certo ponto, o materialismo científico, mas que introduz Deus como força imanente e mística que se manifesta no e pelo processo evolutivo. Nesta mística vitalista, Deus não é o Pai eterno e Criador[8], mas de algum modo está no "vir a ser", num contínuo processo

8 Estas afirmações naturalmente devem ser dosadas no caso dos cristãos que nomeei.

de estar sendo feito e manifestado, como alguns diriam, no e pelo homem.

Na medida em que o homem cresce, se torna adulto, e atinge o domínio do mundo, é o próprio Deus que se está tornando consciente de si no homem. Assim, Deus é, em certo sentido, criação do homem. Deus então "precisa" do homem para atingir a sua epifania final no mundo. Ele surgirá como resultado final e perfeição do domínio criativo do mundo pelo homem, e quando aparecer, será visto que Ele é homem. Isto implica uma crescente conquista da matéria, da natureza e da vida pelo "espírito". O espírito aqui significa algo mais que inteligência e menos que o Espírito Santo do cristianismo: é aquele elemento da matéria que se acha na consciência humana e que se desenvolve através da criatividade do homem, e ele se aperfeiçoa na medida em que este lhe obedece para transcender-se. Mas este crescimento e desenvolvimento do "espírito" exigem um certo controle e mesmo uma supressão da "vida". Há, desta maneira, no mundo, uma luta dinâmica entre o "espírito" autotranscendente (a força apolínea da luz) e a "vida" dionisíaca imanente, natural e obscura. O "espírito" deriva as suas energias extraordinárias do controle da repressão da "vida".

A diferença da visão de mundo dos vários tipos de vitalismo dependerá do ponto de vista que cada um tem da relação entre "vida" e "espírito" e da clareza ou falta de clareza na sua concepção de Deus e na sua transcendência. Contra a objetividade da ciência, o vitalismo afirma a primazia do sujeito vivo no qual o "espírito" é conhecido e manifestado pela expansão do consciente. Contra a generalização universal da abstração científica, o vitalismo afirma o particular, o concreto. Contra o impessoal da ciência, o vitalismo afirma a pessoa – ou pelo menos o indivíduo – com a sua espontaneidade, a sua singularidade e a sua pretensão ao direito à autoexpressão e realização.

Embora um católico não possa aceitar a maior parte das excêntricas implicações teológicas do vitalismo, há, sem dúvida, razão especial para uma compreensão simpática para com estas metas humanistas e pessoais deste protesto contra o falso emprego da ciência. Por outro lado, há, sem dúvida, perigos de exagero e pseudoprofetismo. O pensador católico pode ajudar a restaurar um tipo de comunicação entre o vitalismo estético e a objetividade científica. Esse vitalismo, que ora se aproxima do cristianismo, ora de uma mística sexual, ora de uma mística do poder, ora do ateísmo, ora do neopaganismo (como no marxismo), e, finalmente, ainda uma mística da não violência, é bem mais predominante no clima intelectual de nosso tempo do que se pensa. Embora a Constituição sobre a Igreja no Mundo de Hoje frequentemente se refira direta ou indiretamente ao positivismo marxista por um lado, e ao existencialismo ateísta por outro, presta ela pouca atenção às tendências vitalistas do homem contemporâneo que precisa de algo parecido com religião. De fato, é neste vitalismo que os pensadores do "Deus está morto" e os apóstolos do cristianismo sem religião procuram os elementos positivos e criativos para sua visão do mundo e para sua esperança do futuro. A sua fé não se acha no dom do Espírito à Igreja na plenitude dos tempos, no primeiro Pentecostes, mas na emanação de um espírito imanente no homem enquanto ele progressivamente se cria[9].

---

9 Provavelmente, alguns dos escritores do "cristianismo sem religião" negariam crer nisso, e é verdade que alguns são mais escatológicos no sentido cristão tradicional do que os outros.

Por outro lado, nem todo o vitalismo aceita bem a parte desempenhada pelo "espírito" ao sublinhar o poder criativo da "vida", pois esta elevação e transformação não podem ser realizadas sem um certo sacrifício. Há uma forte tendência anti-intelectualista e anti-humanista que tende a glorificar as forças irracionais e subconscientes do homem. Num tempo de lassidão ou de conflito se torna negativa e nega a vida – uma mística de pessimismo e anarquia expressa num vitalismo invertido em ressentimento e destruição, em que, por vingança pelos sacrifícios nele impostos pelo "espírito", a "vida" realiza a vingança na destruição do "espírito". Esse vitalismo invertido assume uma atitude negativa e niilista diante da vida, em nome da própria vida. Assim podemos citar Ernst Juenger: "A melhor resposta à traição da vida pelo espírito é a traição do espírito pelo espírito. E um dos maiores e mais cruéis poderes dos nossos tempos é participar nesta obra de destruição".

Assim, demos uma volta completa, do otimístico culto criativo da autotranscendência da vida no e pelo "espírito", até o ressentimento, o ódio do espírito a si mesmo, que aparece quando o espírito percebe que, ao dominar e manipular a vida destruiu a vida, destruindo assim a sua própria razão de existir. Assim, o culto da vida e do espírito se torna uma náusea do espírito sem vida, fechado sobre si, não tendo nenhuma meta mais nobre do que a autodestruição por acinte.

Desse modo, recaímos num existencialismo de desespero, de náusea, de ódio, de individualismo frustrado e impotente, de subjetivismo sem sentido.

Entre esses vários mitos e filosofias de vida, a Igreja propõe o seu humanismo tradicional, um humanismo teocêntrico que declara consistir a dignidade da pessoa humana numa liberdade autêntica – a habilidade de obedecer ao apelo do amor que transcende a própria natureza do homem.

O humanismo cristão não se baseia na crença de um dinamismo natural e imanente, funcionando quase automaticamente enquanto o homem progressivamente evolui e se torna mais cônscio de suas potencialidades. Baseia-se ele na crença em Deus, como Ser Absoluto, que dotou a pessoa humana de liberdade e a convidou a transcender à natureza pela criatividade do amor e a graça do Espírito Santo. O poder dinâmico, sem o qual não pode haver nenhuma autêntica autotranscendência, é o poder do Espírito divino que não está imanente na natureza, mas é recebido na resposta livre do homem ao dom de Deus, a graça.

Portanto, se o homem deve transcender-se criativamente, simplesmente por abandonar-se ao dinamismo das forças dentro da matéria ou dentro da sua própria natureza, a sua obra de autotranscendência será apenas mera veleidade. Tal veleidade não pode ser tomada a sério a não ser que se torne o objeto de uma fé tão absoluta e tão séria como o compromisso religioso do católico à sua crença, à sua Igreja e ao seu Salvador. Com efeito, as várias místicas do vitalismo têm pouco sentido se não pressupõem ter alguém dado o salto no escuro, da fé, para dentro da corrente da evolução criativa autoperfectiva na qual o próprio Deus está "se tornando". Tal fé é simplesmente uma opinião, uma piedosa esperança nos poderes da natureza.

A antropologia contemporânea filosófica, como a de Scheler, por exemplo, pressupõe como condição uma "coragem de veracidade" que arriscará uma aventura de novas e imprevisíveis respostas à questão do homem "sem compromisso com qualquer tradição, seja teológica, filosófica ou científica que tenha prevalecido até agora" (Scheler). Todavia, esta aventura não ignora a tradição. Ela faz *uso* do conhecimento e da visão da filosofia, da religião e da ciência mesmo quando são incompatíveis entre si. O poder unificador que mantém juntos estes elementos incompatíveis é a fé na criatividade e no espírito que parece justificar um mito eclético pessoal. Há uma vantagem especial em criar a sua própria síntese, em vez de avançar numa linha marcada pela velha tradição? O homem moderno, desconfiado da tradição, parece pensar assim. Mas não será isso mais uma de suas "idiossincrasias"?

O humanismo cristão, delineado na Constituição sobre a Igreja no Mundo de Hoje, procurará compreender os novos dados científicos do homem, à luz da doutrina tradicional do estado originário do homem, feito à imagem de Deus, isto é, livre. O autêntico humanismo cristão focaliza não a *natureza* humana, mas a *pessoa* humana. De fato, é por ser pessoa que o homem tem a liberdade de transcender a sua natureza e dominar suas exigências, usando os poderes naturais que ele recebeu, não simplesmente para cumprir as finalidades da própria natureza (o bem da espécie ou da coletividade), mas para realizar a sua própria emancipação pessoal e espiritual e a dos demais. A pessoa é algo mais além do ego (a natureza individual). Não é o ego do homem que o torna capaz de ser "semelhante a Deus", mas a sua liberdade pessoal para responder à vida e para amar além das exigências limitadas do ego. Isto se verifica especialmente na relação com outras pessoas. Relações interpessoais envolvem mais do que uma coexistência pacífica de egos. As exigências de real abertura, disponibilidade e compressão mútua, ajudam o ego a transcender-se e se tornar "pessoa".

O ego humano, ou o centro individual do ser natural do homem, não é (no pensamento cristão) o centro da liberdade pessoal. A antropologia cristã não está ainda plenamente clara na compreensão exata da pessoa, pois o que pertence à totalidade da pessoa cristã tem sido tradicionalmente atribuído à *alma* (apenas uma parte da pessoa) e à graça. A teologia cristã da graça necessita de uma revisão à luz de uma nova e mais profunda metafísica da pessoa e do amor.

O ego individual é o centro da consciência e da decisão, cujas respostas são inteiramente as da natureza. O ego possui naturalmente consciência e liberdade de escolha, mas o exercício de sua liberdade está sempre a serviço da natureza, seja na própria pessoa, seja nos outros, considerados simplesmente como membros da mesma espécie biológica. O amor do ego, embora aspire com frequência às grandes alturas da pureza e sublimação, está enraizado na sexualidade. Isto não nega sua nobreza e nem sua espiritualidade. Contudo, o amor *pessoal* e a liberdade implicam uma outra dimensão além da sexualidade (atração física). O amor pessoal requer essa dimensão do consentimento espiritual e mútua doação numa relação interpessoal de profunda e misteriosa unidade. No autêntico amor conjugal duas pessoas se completam não apenas sexualmente, mas também espiritualmente dão sentido e plenitude à vida um do outro por uma unidade que não pode ser atribuída apenas às necessidades humanas e biológicas do ser natural.

Aqui, novamente, como na questão da existência de Deus, se requer uma certa intuição metafísica da parceria e fidelidade humana. Este senso metafísico está adormecido ou morto numa sociedade que considera somente a adaptação de dois egos numa parceria sexual que funciona bem. A Constituição, falando sobre o matrimônio, diz (n. 48):

> A íntima comunhão de vida e de amor conjugal que o Criador fundou e dotou com suas leis é instaurada pelo pacto conjugal, ou seja; o consentimento pessoal irrevogável. Dessa maneira, do ato humano pelo qual os cônjuges se doam e recebem mutuamente, se origina, também diante da sociedade, uma instituição firmada por uma ordenação divina. No intuito do bem, seja dos esposos, da prole e da sociedade, esse vínculo sagrado não depende do arbítrio humano. Mas o próprio Deus é o autor do matrimônio, dotado de vários bens e fins, que são todos de máxima importância para a continuação do gênero humano, para o aperfeiçoamento pessoal e a sorte eterna de cada um dos membros da família, para a dignidade, estabilidade, paz e prosperidade da própria família e da sociedade humana inteira. O instituto do matrimônio e o amor dos esposos estão, pela sua índole natural, ordenados à procriação e à educação dos filhos em que culminam como numa coroa. Por isso, o homem e a mulher que, pelo pacto conjugal "já não são dois, mas uma só carne" (Mt 19,6), prestam-se mutuamente serviço e auxílio, experimentam e realizam cada dia mais plenamente o senso de sua unidade pela união íntima das pessoas e das atividades. Esta união íntima, doação recíproca de duas pessoas, e o bem dos filhos exigem a perfeita fidelidade dos cônjuges e reclamam sua indissolúvel unidade.

Mais adiante diz:

> O autêntico amor conjugal é assumido no amor divino, e é orientado, enriquecido pelo poder redentor de Cristo e pela ação salvífica da Igreja para que os esposos sejam conduzidos eficazmente a Deus e ajudados e confortados na sublime missão de pai e mãe. Por isso, os esposos cristãos são robustecidos e como que consagrados para os deveres e dignidade de seu múnus conjugal e

> familiar em virtude desse sacramento, imbuídos do Espírito de Cristo que lhes impregna toda a vida com a fé, a esperança e a caridade, aproximam-se cada vez mais de sua própria perfeição e mútua santificação e, assim unidos, contribuem para a glorificação de Deus (n. 48).

> Eminentemente humano, porque parte de uma pessoa e se dirige a outra pessoa, mediante o afeto da vontade, esse amor envolve o bem de toda a pessoa; portanto é capaz de enobrecer as expressões do corpo e da alma como elementos e sinais específicos da amizade conjugal e enriquecê-los com uma especial dignidade. O Senhor, por um dom especial de graça e caridade, se dignou restaurar, aperfeiçoar e elevar esse amor. Semelhante amor, que associa o divino ao humano, leva os esposos à mútua doação de si mesmos, provada com terno afeto e com obras, e lhes impregna toda vida. Mais. Cresce e se aperfeiçoa com sua própria generosa operosidade. Supera, por conseguinte, de longe, a mera inclinação erótica que, cultivada com egoísmo, desaparece rápida e miseravelmente (n. 49).

A vida do ego é sempre dominada pelos ritmos instintivos. Embora seja extremamente variado e versátil nas suas respostas, responde, ainda, em primeiro lugar às situações tipicamente reincidentes, nas quais o bem-estar do indivíduo e da espécie se põem em questão.

Mas a pessoa pode transcender estes padrões fixos. O indivíduo amadurece e desabrocha em plena personalidade somente quando o dom do espírito e da graça dota as suas capacidades naturais de poderes singulares e criativos para *contribuir com o nosso próprio dom* ao mundo e aos outros. A pessoa é indivíduo não apenas como um membro da espécie, mas como a "imagem de Deus", isto é, como a *fonte livre e criativa de um dom de amor e de significação* que, se não é realizado e dado, torna-se insubstituível e não pode ser feito por um outro.

Por esta livre e alegre capacidade de encontrar-se na doação de si mesmo, o homem se afirma como pessoa. Pela capacidade consciente e deliberada de sacrificar as metas e interesses do ego pelo bem de um outro, precisamente *como pessoa* (e não apenas como um membro da espécie natural), o homem se torna plenamente humano, além das prerrogativas da natureza e do instinto. A personalidade, de fato, se verifica na outra pessoa de um modo mais elevado do que aquele verificado entre o indivíduo e um outro membro da espécie biológica. A pessoa é iluminada pela amorosa consciência dessa liberdade única *do outro.* A pessoa tem uma visão íntima e misteriosa que penetra a singular criatividade e autonomia do outro como manifestações de Deus. A pessoa mostra a consciência do seu próprio poder criativo e livre ao respeitar a criatividade do outro. Isto significa que ele honra e, num sentido, "se aterroriza" (religiosamente) com o mistério da liberdade pessoal. Ele pode "temer a Deus" na liberdade do outro, porque conhece a liberdade em si mesmo. Tudo isso é necessário se entendemos o que significa a ideia tradicional cristã do "homem feito à imagem de Deus".

O fato de Deus ser pessoal nos é acessível pela analogia com o mistério da pessoa humana livre. *Deus não é ego individual.* Quando os ateus objetam ao termo "Deus pessoal", como se significasse um "ego-deus", estão em parte com a razão. Deus não é um membro individual de alguma espécie mais ampla que inclui todas as naturezas humanas e supra-humanas (isto a religião popular, às vezes, faz transparecer). Falar de personalidade em Deus é falar de relacionamento pela doação e pelo amor, *respeitando a identidade pessoal.* Falar, por isso, de um "Deus pessoal" é falar não de um "ego-deus" (com todas as limitações e falhas do ego, como ira, ciúme, mau humor, rancor, suspeitas, emoções etc.), mas de uma liberdade que respeita todas as outras autonomias que procedem de si por meio do puro dom.

Naturalmente, ao falar de "pessoa" em Deus o fazemos por analogia com aquilo que existe de mais profundo, de mais íntimo, de mais exclusivamente nosso e ainda de mais comunicável. De fato, podemos fazer isso porque o mistério da personalidade do homem é uma revelação de Deus ao homem. O homem como pessoa não apenas é capaz de amor (pois tem esta capacidade pela natureza), mas também é capaz da *graça,* isto é, do relacionamento absolutamente livre e criativo com o próprio Deus e com outros nos quais Deus habita. A nossa resposta ao amor pessoal é em si criativa. O mistério da personalidade humana situa-se numa liberdade absolutamente única, ordenada direta e imediatamente à liberdade de Deus, de tal modo que, para usar a linguagem dos Padres da Igreja, o homem pode, de fato, *"tornar-se Deus",* não na ordem da natureza, mas como pessoa. O homem, em outras palavras, pode penetrar na vida interior da Trindade das Pessoas, e ser para o Pai o que é o Filho. O homem nunca pode tornar-se por assim dizer uma "pessoa divina" por adoção, no sentido de que ele entra pela graça e pelo amor no relacionamento íntimo que une as Pessoas Divinas entre si. Ele pode ser, em Cristo e no Espírito, um filho de Deus. É aqui que ele atinge o cume da personalidade.

Descobrimos, desta maneira, que existe uma base de verdade no simbolismo vitalista do homem criando Deus no mundo por sua própria criatividade. Se esta linguagem for entendida não como teologia, mas como mitologia poética, concernente à autorrealização criativa do próprio homem além e acima das exigências de sua natureza, vemos que, de fato, sugere remotamente algo de verdade. O homem, por sua resposta criativa à graça e pelo dom de si, realiza e atualiza o dom divino em si mesmo. E isto ele faz não apenas como uma pessoa isolada, mas em comunhão com outras pessoas, para que, por sua fidelidade criativa ao amor, o homem de fato manifeste Deus no mundo (Jo 13,35; 17,21-23). Entretanto isto não significa que o único ser de Deus é o que é realizado no homem pelo amor, como o resultado do imanente poder criativo da natureza humana. Tal noção reduz toda a ideia de liberdade pessoal a projetos sem sentido e arbitrários, de afirmações individuais, e nos mergulha mais uma vez na anarquia e desespero de uma existência caótica. A raiz de toda liberdade e criatividade no homem é a liberdade transcendente, e a criatividade que é o infinito, necessário e absoluto Ser de Deus. Ele está fora de toda a contingência e de todo o ato de vir a ser, e acima de toda natureza e de todo ser. É por sua própria transcendência que Deus está imanente em tudo que Ele fez, sem tornar-se parte disso a não ser através do mistério da liberdade, da criatividade e da graça, centrado na sua encarnação misteriosa em Cristo.

Este é o cerne do humanismo centrado em Deus que é tradicionalmente cristão – humanismo construído não na natureza humana, mas na liberdade pessoal. Uma vez que o relacionamento básico da pessoa humana com Deus é rompido, nenhum dinamismo e criatividade naturais podem restaurá-lo. Pelo contrário, uma vez que a liberdade pessoal se desvia desta orientação para Deus, os seus projetos mais elevados para renovar e glorificar o mundo da matéria são nada menos que sonhos absurdos, que, finalmente, chegam à trágica autonegação e talvez à destruição física. Por isso, a divisão interior no homem, que o faz "para si mesmo um problema insolúvel" (Constituição da Igreja no Mundo de Hoje, n. 21) e do qual ele próprio é "ao mesmo tempo causa e vítima" (n. 8).

O Concílio, ao falar desta dignidade pessoal do homem à imagem de Deus e deste mistério da liberdade e inteligência humanas orientadas à verdade invisível e à liberdade de Deus, assim diz:

> O homem na verdade não se engana quando se reconhece superior aos elementos materiais e não se considera somente uma partícula da natureza ou um elemento anônimo da cidade humana. Com efeito, por sua vida interior, o homem excede a universalidade das coisas. Ele penetra nesta intimidade profunda quando se volta ao seu coração, onde o espera Deus, que perscruta os corações, e onde ele pessoalmente, sob o olhar de Deus, decide a sua própria sorte. Deste modo, reconhecendo em si mesmo a alma espiritual e imortal, longe de se iludir por uma representação que dependeria somente das condições físicas e sociais, o homem atinge a verdade em toda a sua profundeza.
>
> Participando da luz da mente divina, com razão o homem se julga superior, por sua inteligência, à universalidade das coisas. Exercitando o seu engenho diligentemente, através dos séculos, nas ciências empíricas, artes técnicas e liberais, o homem de fato progrediu. Em nossos tempos, sobretudo pesquisando e dominando o mundo material, o homem conseguiu notáveis resultados. Porém procurou sempre e encontrou uma verdade sempre mais profunda. Pois a inteligência não se limita aos fenômenos, mas pode atingir, com autêntica certeza, a realidade inteligível, ainda que, em consequência do pecado, esteja em parte obscurecida e enfraquecida (n. 14-15).

Note-se que o Concílio apresenta uma orientação distintamente contemplativa. A pessoa do homem é uma inteligência aberta à luz divina, não meramente ao estudo de objetos – "dados observáveis". A plena dimensão da realização pessoal deve ser procurada não só no conhecimento e no controle técnico da matéria, mas na sabedoria contemplativa que une o conhecimento e o amor acima e além do relacionamento de sujeito-objeto que é característico da observação ordinária empírica.

Dizer que o homem é uma pessoa é dizer, em última análise, que tem uma vocação de contemplar a Deus e de compartilhar essa contemplação com o seu irmão. Entretanto o Concílio dá muita ênfase ao amor ativo para com outras pessoas. Mas este amor ativo não pode ter o seu verdadeiro caráter e fecundidade sem um senso contemplativo do mistério do outro como pessoa. A contemplação entra mesmo na caridade ativa, e na transformação do mundo pelo uso humanístico da ciência.

5
Humanismo cristão na era nuclear

Tão personalista é o humanismo do Concílio Vaticano II que a Constituição sobre a Igreja no Mundo de Hoje podia ser intitulada "A Pessoa Humana no Mundo Moderno". Todo o ensinamento da Constituição se concentra em dois pontos: o valor e dignidade da pessoa humana na sua relação com outros homens e com Deus, e a unidade da família humana, constituída por estas pessoas humanas. Vê o sentido da pessoa humana e de toda família humana à luz da Encarnação. "Na realidade, o mistério do homem só se torna verdadeiramente claro ao mistério do Verbo encarnado" (n. 22). É Cristo de fato quem restaura à pessoa humana a sua semelhança e liberdade divinas. E é só em Cristo que a família humana pode atingir a paz e a unidade às quais é chamada por Deus. O Concílio acrescenta: "Isto vale não somente para os cristãos, mas também para todos os homens de boa vontade em cujos corações a graça opera de modo invisível" (n. 22).

A Igreja não se identifica com qualquer sistema político ou econômico; no entanto, está comprometida com o bem comum de todos os homens e com os direitos e a dignidade da pessoa humana. Assim, em suas relações com outras instituições e em seus negócios com os próprios homens, ela procurará sobretudo encorajar toda iniciativa, na política, na cultura, na economia, nas relações internacionais que garantirão o maior bem das pessoas humanas vivas, enquanto ajuda toda a família humana a viver unida e em paz. "A Igreja... de modo algum se confunde com a comunidade política e nem está ligada a nenhum sistema político. É, ao mesmo tempo, sinal e salvaguarda do caráter transcendente da pessoa humana" (n. 76). Em outras palavras, a própria natureza da Igreja como uma sociedade livre de homens, unidos não por meros laços naturais de interesse e necessidade, mas por amor e graça, é um sinal da liberdade transcendente da pessoa humana em Cristo, como também uma garantia daquela liberdade. Pois a Igreja é o lugar do encontro do homem com Cristo e com o seu irmão no Espírito e no ágape – ou reconciliação divina.

Ao lermos a Constituição, acharemos em quase cada página uma nova afirmação da dignidade espiritual da pessoa, como também a afirmação correlativa de que as pessoas só atingem a sua expressão plena numa vida comunitária e interpessoal com outros.

A pessoa é definida em termos de liberdade, e por isso em termos de responsabilidade também: responsabilidade *para com* outras pessoas, responsabilidade *por* outras pessoas. Em termos concretos, o cristão não é apenas alguém que procura a expansão e desenvolvimento de sua própria individualidade e a satisfação de suas mais legítimas exigências naturais, mas alguém que se reconhece como responsável pelo bem dos outros, pela sua realização temporal e, finalmente, por sua salvação eterna. Por isso a pessoa cristã atinge a maturidade pela compreensão de que cada um de nós é de fato "o guarda do seu irmão", e de que, se homens estão sofrendo ou morrendo na Ásia ou na África, outros homens na Europa e na América são chamados a autojulgamento diante do tribunal da consciência para ver se realmente alguma escolha ou alguma negligência sua tem tido uma parte nesse sofrimento e morte que, de outra maneira, podem parecer muito remotos e estranhos. Pois hoje o mundo inteiro está estreitamente ligado por laços econômicos, culturais e sociológicos que fazem a todos nós, até um certo ponto, responsáveis pelo que acontece a outros no outro lado da terra. O homem é agora não apenas um ser social, mas a sua natureza social transcende os limites nacionais e regionais, e, querendo ou não, temos que pensar em termos de uma família humana, um mundo.

> Entre os principais aspectos do mundo de hoje enumera-se a multiplicação das relações mútuas entre os homens. Para sua evolução, em alta escala contribui o progresso técnico atual. Contudo, o diálogo fraterno entre os homens se aperfeiçoa, não nesse progresso, porém mais profundamente no nível das relações interpessoais. Isso exige respeito mútuo para com a plena dignidade espiritual da pessoa. Mas, para promover essa comunhão entre as pessoas, a revelação cristã oferece um grande auxílio; ao mesmo tempo, nos leva a mais profunda compreensão das leis da vida social que o Criador gravou na natureza espiritual e moral do homem (n. 23).
>
> A interdependência cada dia se estreita mais e se difunde pouco a pouco no mundo inteiro. Segue-se daí que o bem comum – ou o conjunto daquelas condições da vida social que permitem aos grupos e a cada um de seus membros atingirem mais completa e desembaraçadamente a própria perfeição – torna-se hoje cada vez mais universal, e implica, por consequência, direitos e deveres que dizem respeito a todo o gênero humano. Qualquer grupo deve levar em conta as necessidades e aspirações legítimas dos outros grupos e, ainda mais, o bem comum de toda a família humana (n. 26).

A responsabilidade da pessoa cristã, como a vemos delineada aqui, não se limita meramente ao campo da interioridade, das intenções puras. Não é apenas uma questão de caridade interior e de boa vontade. Deve ser efetiva no contexto da ação social, da vida política, do trabalho e de todas as escolhas práticas que afetam as nossas relações com outros na família, na cidade, na nação e no mundo. O pleno desenvolvimento da pessoa cristã é, então, mais que um simples caso de ajustamento psicológico e individual e espiritual, ou até de perfeição ascética. Porque o homem é um filho de Deus, feito à imagem e semelhança de Deus, não pode encontrar a sua verdadeira maturidade e autorrealização fora de um relacionamento de amor com o seu irmão. Reconciliação com o seu irmão em graça e ágape assemelha-se, analogamente, ao relacionamento de amor entre as Pessoas Divinas na Trindade. Isto é a chave para a compreensão da ação social cristã.

> Mais ainda. Quando o Senhor Jesus reza ao Pai que "todos sejam um... como nós somos um" (Jo 17,21-22), abre perspectivas inacessíveis à razão humana e sugere alguma semelhança entre a união das Pessoas Divinas e a união dos filhos de Deus na verdade e na caridade. Esta semelhança manifesta que o homem, a única criatura na terra que Deus quis por si mesma, não pode encontrar-se plenamente senão por um dom sincero de si mesmo.
> A índole social do homem evidencia que o progresso da pessoa humana e o desenvolvimento da própria sociedade dependem um do outro. A pessoa humana é e deve ser o princípio, sujeito e fim de todas as instituições sociais, porque, por sua natureza, necessita absolutamente da vida social. A vida social não é portanto algo acrescentado ao homem: assim o homem desenvolve-se em todas as suas qualidades mediante a comunicação com os outros, pelas obrigações mútuas, pelo diálogo com os irmãos, e pode corresponder à sua vocação (n. 24-25).

O progresso da pessoa e o progresso da sociedade por isso caminham juntos. O nosso mundo moderno não pode atingir a paz e uma ordem social plenamente equilibrada somente pela aplicação de leis que agem no homem, por assim dizer, fora dele. A transformação da sociedade se inicia dentro da pessoa. Começa com o amadurecimento e abertura da liberdade pessoal em relação com as outras liberdades – em relação com o resto da sociedade. A "doação" cristã que nos é requerida é participação plena e inteligente na vida do nosso mundo, não apenas em base de lei natural, mas também na comunhão e reconciliação de amor interpessoal. Isto significa a capacidade de estar aberto para os outros como pessoas, desejar para os outros tudo o que sabemos ser necessário a nós, tudo o que se requer para o pleno crescimento e mesmo para a felicidade temporal de uma existência plenamente pessoal.

> Cresce, porém, ao mesmo tempo a consciência da dignidade exímia da pessoa humana, superior a todas as coisas. Seus direitos e deveres são universais e invioláveis. É preciso portanto que se tornem acessíveis ao homem todas aquelas coisas que lhe são necessárias para levar uma vida verdadeiramente humana. Tais são: alimento, roupa, habitação, direito de escolher livremente o estado de vida e de constituir família, direito à educação, ao trabalho, à boa fama, ao respeito, à conveniente informação, direito à proteção da vida particular e à justa liberdade, também em matéria religiosa.
> Portanto, a ordem social e o seu progresso devem ordenar-se incessantemente ao bem das pessoas, pois a organização das coisas deve subordinar-se à ordem das pessoas e não ao contrário. O próprio Senhor o insinua, ao dizer que o sábado foi feito para o homem e não o homem para o sábado (n. 26).

Esta é a base da insistência do Concílio: que os cristãos devem trabalhar pela reforma e melhora genuínas das instituições sociais e da própria sociedade. A caridade cristã não pode contentar-se com o estado de coisas no qual o homem é constantemente ameaçado, limitado e privado de sua verdadeira capacidade de desenvolver-se como uma pessoa.

> Esta ordem deve desenvolver-se sem cessar, ter por base a verdade, construir-se sobre a justiça, ser animada pelo amor e encontrar na liberdade um equilíbrio sempre mais humano. Para se cumprirem tais exigências, devem-se introduzir uma reforma de mentalidade e amplas mudanças sociais (n. 26).

O Concílio não nos deixa nenhuma dúvida de que o dever de participação cristã na vida do mundo moderno é muito mais do que discutir eventos políticos e votar em tempo oportuno (embora isto também seja importante). O cristão não pode ser plenamente o que deve ser o mundo moderno, se de algum modo não se interessa *em construir uma sociedade melhor*, livre de guerra, de injustiça racial e social, de pobreza e de discriminação. Não é mais possível evitar esta obrigação retirando-se para o plano de aspirações de outro mundo e interioridade piedosa, desinteressada dos problemas humanos e históricos. Pelo contrário, a esperança escatológica cristã é inseparável de uma inserção encarnatória na luta do homem vivo e contemporâneo.

> Os cristãos, peregrinos para a cidade celeste, devem procurar e saborear as coisas do alto. Isto contudo, longe de diminuir, antes aumenta a importância da missão que eles têm de desempenhar juntamente com todos os homens na construção de um mundo mais humano...

> E na verdade, o mistério da fé cristã lhes oferece valiosos impulsos e auxílios para cumprir mais cuidadosamente aquela missão e descobrir a significação profunda deste trabalho, pelo qual a cultura obtém o seu lugar exímio na vocação integral do homem.
> Quando cultiva a terra com o trabalho de suas mãos ou, por meio da técnica, para que ela produza frutos e se torne uma habitação digna da família humana inteira, e quando participa conscientemente da vida dos grupos sociais, o homem realiza o plano de Deus, manifestado no início dos tempos, que é o de dominar a terra e completar a criação, e se aperfeiçoa a si mesmo. Observa ao mesmo tempo o grande mandamento de Cristo que é o de despender-se no serviço dos irmãos (n. 57).

O uso certo dos meios científicos para o progresso da vida social do homem é visto, pelo Concílio, como inseparável da tarefa cristã de preparar o caminho para o Evangelho. Assim, a ciência, longe de ser vista com suspeita, é acolhida na medida em que pode providenciar os meios para expressar o amor cristão e preparar o caminho para a unidade da família humana em paz e reconciliação. Por isso, a Igreja reconhece os valores da cultura contemporânea.

> Entre eles enumeram-se: o estudo das ciências e a fidelidade rigorosa à verdade nas pesquisas científicas, à necessidade de trabalhar em equipe com outros grupos técnicos, o senso da solidariedade internacional, a consciência cada dia mais viva da responsabilidade dos cientistas na ajuda e na proteção a ser dispensada aos homens, a vontade de tornar mais favoráveis as condições de vida para todos, sobretudo para aqueles que são privados de responsabilidade ou sofrem a indigência cultural. Tudo isto consegue trazer alguma preparação para que se receba a mensagem do Evangelho, que pode ser informada pela caridade divina por Aquele que veio salvar o mundo (n. 57).

Reconhecendo que a própria cultura é obra do homem e instrumento pelo qual a sociedade se desenvolve e provê uma atmosfera mais favorável ao desenvolvimento da pessoa, o Concílio lembra ao cristão o seu dever de trabalhar pela expansão da educação, para que as vantagens culturais se achem ao alcance de todos, sem distinção. Então, todos poderão participar do trabalho da construção de um mundo melhor.

> Com os argumentos supramencionados, a Igreja lembra a todos que a cultura deve estar subordinada à perfeição integral da pessoa humana, ao bem da comunidade e da humanidade inteira. Por isso é necessário cultivar o espírito de tal modo que se desenvolva a faculdade de admirar, de penetrar o íntimo das coisas, de contemplar, de formar um juízo pessoal e de aperfeiçoar o senso religioso, moral e social (n. 59).
>
> Como se oferece agora a possibilidade de libertar inúmeras pessoas da miséria da ignorância, é imperioso dever, muito de acordo com a nossa época, sobretudo para os cristãos, trabalhar denodadamente, tanto no setor econômico quanto no setor político, em âmbito nacional e internacional, a fim de se tomarem decisões fundamentais pelas quais se reconheça em toda a terra, e seja levado à prática, o direito de todos à civilização humana, conveniente à dignidade da pessoa, sem discriminação de raça, sexo, nação, religião ou condição social. Por isso, para todos devem ser providenciados os suficientes bens de cultura, sobretudo aqueles que constituem a cultura de base, para que muitos não sejam impedidos de cooperar, de maneira verdadeiramente humana, no bem comum, pelo analfabetismo e pela falta de iniciativa (n. 60).

Em toda a Constituição deparamo-nos com a mesma ênfase. Na vida econômica o que é importante não é a produção em vista do lucro e do poder, mas o bem dos seres humanos e da própria família humana. Isto exige a transformação e reforma da vida econômica, pois o Concílio declara sem rodeios que não acha nenhum dos grandes sistemas atualmente no poder apto a resolver o problema do homem.

A economia atual, como os outros setores da vida social, é assinalada por uma dominação crescente do homem sobre a natureza, por mais repetidas e importantes relações e dependência mútua entre os cidadãos, grupos e povos, e por uma intervenção mais frequente do poder político. Ao mesmo tempo os progressos nos sistemas de produção e na troca de bens e serviços tornaram a economia um instrumento apto, que pode servir melhor às necessidades ampliadas da família humana.

Contudo não faltam motivos de inquietação. Não poucos homens, sobretudo nas regiões economicamente desenvolvidas, parecem como que dominados pela realidade econômica, de tal modo que toda a sua vida pessoal e social é impregnada de um certo espírito de lucro, tanto nas nações que favorecem a economia coletivista quanto nas outras. No momento em que o progresso da vida econômica dirigido e coordenado de maneira racional e humana poderia mitigar as desigualdades sociais, com muita frequência se torna o agravamento das desigualdades sociais ou também, cá e lá, o regresso da condição social dos fracos e o desprezo dos pobres. Enquanto enorme multidão tem falta ainda de coisas absolutamente necessárias, alguns, mesmo em regiões menos desenvolvidas, vivem na opulência ou desperdiçam os bens. O luxo e a miséria existem simultaneamente. Enquanto poucos gozam do máximo poder de deliberação, muitos carecem de quase toda possibilidade de ação, encontrando-se muitas vezes mesmo a pessoa humana em condições indignas de vida e de trabalho.

Com consciência cada dia mais viva nossos contemporâneos percebem estas disparidades. Estão inteiramente persuadidos de que as ampliadas capacidades técnicas e econômicas, das quais dispõe o mundo atual, poderiam e deveriam corrigir este funesto estado de coisas.

> *Por conseguinte, exigem-se de todos muitas reformas na vida econômico-social e uma conversão de mentalidade e de modo de ser* (n. 63; grifo do autor).

Por que a Igreja insiste nisso? Porque, para ela, a vida e a felicidade das pessoas humanas são mais importantes do que a produção e o poder econômicos, que beneficiam somente a poucos.

> A finalidade fundamental desta produção não é o mero aumento dos produtos, nem o lucro ou a dominação, mas o serviço do homem e do homem completo, atendida a hierarquia das suas necessidades materiais e a das exigências de sua vida intelectual, moral, espiritual e religiosa; de todo homem, dizemos, de qualquer comunidade humana, sem distinção de raça ou região do mundo. Assim a atividade econômica, de acordo com os métodos e as leis próprias, deve ser exercida dentro dos limites da ordem moral de tal modo que se cumpra o plano de Deus a respeito do homem (n. 64).

Além disso, o desenvolvimento econômico não pode ser deixado ao funcionamento benigno das leis econômicas. O progresso só pode ser realizado por meio da decisão humana.

> O desenvolvimento não pode ser abandonado nem ao curso quase mecânico da atividade econômica dos indivíduos e nem somente ao poder da autoridade pública. Por isso devem ser arguidas de erro, não só as teorias que, sob a forma de falsa liberdade, dificultam as reformas necessárias, mas também as que sacrificam os direitos fundamentais das pessoas particulares e dos grupos à organização coletiva da produção (n. 65).

Vemos aqui que o Concílio francamente admite: o progresso para um mundo de paz é muito frequentemente obstruído por ideologias especiosas que afirmam ser a garantia dos valores humanos e do progresso. O Concílio se interessa menos pelo progresso das ideologias do que pelo progresso concreto das condições de vida do homem. Mas ideologias que de fato mantêm os homens num estado de escravidão, e que asseguram proporcionar-lhes o melhor mundo possível, devem ser mostradas como cheias de absurdas autocontradições, sendo que a maior delas consiste em afirmar que, para trazer a paz ao mundo, as nações devem estar prontas a qualquer momento para uma guerra de extermínio maciço.

Voltemos de novo aos problemas sociais concretos – naturalmente as condições de trabalho devem ser tais que o operário não seja desumanizado ou reduzido a um nível onde ele funciona como algo menos do que uma pessoa.

> Como a atividade econômica se processa ordinariamente pelo trabalho associado dos homens, é iníquo e desumano dispô-la e organizá-la de tal modo que se transforme em dano para qualquer trabalhador. Acontece porém muitas vezes, também em nossos dias, que os que trabalham são de certa maneira escravizados pela própria obra. E isto não se justifica, de modo algum, pelas assim chamadas leis econômicas. Portanto, todo o conjunto do processo de produção deve-se adaptar às necessidades da pessoa e às modalidades de sua vida, primeiramente de sua vida doméstica, sobretudo no que diz respeito à mãe de família, levando-se em conta sempre o sexo e idade. Além disso, seja oferecida aos trabalhadores a possibilidade de desenvolver as próprias qualidades e a sua personalidade, no exercício mesmo do trabalho. Dedicando, com a devida responsabilidade, o tempo e suas forças a esta tarefa, tenham todos contudo também a suficiente tranquilidade e repouso para cuidar da vida familiar, social e religiosa. Bem mais. Tenha a oportunidade de exercitar livremente as forças e qualidades que talvez pouco possam aperfeiçoar no trabalho profissional (n. 67).

Se o direito à propriedade particular é mais uma vez afirmado pela Igreja, esta afirmação é claramente vista no contexto do personalismo, e não exclui uma certa socialização necessária em alguns campos da economia (cf. n. 74).

Como a propriedade e outras formas de domínio particular sobre os bens exteriores contribuem para a afirmação da pessoa, como lhe oferecem, além disso, a oportunidade de exercer sua função na sociedade e na economia, é de muito interesse que seja incentivado o acesso, quer dos indivíduos quer das comunidades, a um certo domínio sobre os bens exteriores.
A propriedade particular ou algum domínio sobre os bens exteriores conferem a cada um o espaço absolutamente necessário à autonomia pessoal e familiar; devem ser consideradas como um prolongamento da liberdade humana. Enfim, porque aumentam o estímulo no desempenho do trabalho e das responsabilidades, constituem uma das condições das liberdades civis (n. 71).

Entretanto, o direito básico do homem à propriedade não pode ser usado para justificar a enorme riqueza dos latifundiários de certos países subdesenvolvidos.

Em muitas regiões economicamente menos desenvolvidas existem grandes ou também extensíssimas propriedades rurais, pouco cultivadas, ou sem cultura alguma, à espera de valorização, enquanto a maior parte do povo não tem terra ou dispõe somente de parcelas mínimas, e, por outra parte, o desenvolvimento da produção nos campos se apresenta de urgência evidente. Não raro, os que são contratados pelos donos para o trabalho, ou que cultivam uma parte a título de locação, recebem somente um salário ou produção indignos do homem, são privados de habitação decente e são explorados pelos intermediários. Sem segurança alguma, vivem debaixo de tal servidão pessoal, que lhes é tirada quase toda a possibilidade de iniciativa e responsabilidade,

> sendo-lhes proibida qualquer promoção cultural e participação na vida social e política. Portanto, em vários casos, as reformas são necessárias para o crescimento das remunerações, o melhoramento das condições de trabalho, o aumento de segurança no emprego, o incentivo à iniciativa de trabalho e, também, a distribuição das terras insuficientemente cultivadas com aqueles que consigam torná-las mais produtivas. Em tal caso, devem ser fornecidos recursos e meios necessários, sobretudo os subsídios de educação e as possibilidades de uma justa organização de cooperativas. Todas as vezes que o bem comum exigir uma expropriação, deve ser estipulada a indenização de acordo com a equidade, levando-se em conta todas as circunstâncias (n. 71).

Podemos continuar citando extensivamente a Constituição, mas, a esta altura, deve ter ficado claro que o Concílio, em cada página, afirma os direitos, as dignidades, os deveres e os problemas da pessoa humana na moderna sociedade tecnológica. Nós precisamos apenas acrescentar algumas linhas sobre a vida política, onde, por exemplo, a ditadura é condenada como desumana (n. 74); e o direito de discordar é garantido a todos, inclusive àqueles que não aceitam os princípios cristãos.

> Todos os cristãos se tornem cônscios de seu papel próprio e especial na comunidade política. Devem distinguir-se pelo exemplo, porquanto estão obrigados por consciência a desenvolver em si o senso de responsabilidade e do devotamento ao bem comum de tal modo que demonstrem também pelos fatos como harmonizar a autoridade com a liberdade, a iniciativa pessoal com a solidariedade e o equilíbrio de todo o corpo social, a conveniente unidade com a diversidade proveitosa. Reconheçam as opiniões legítimas, mas discordantes entre si, sobre a organização da realidade temporal; respeitem os cidadãos, também associados, que as defendem honestamente (n. 75).

Se o patriotismo é aprovado, o "chauvinismo" não o é. Ao cristão é lembrado que a sua lealdade se deve, em primeiro lugar, a toda a família humana, e que ele não deve apelar para os princípios cristãos a fim de justificar um patriotismo que é de fato perigoso ou prejudicial ao bem universal da humanidade.

> Os cidadãos cultivem com grandeza de alma e fidelidade o amor à pátria, mas sem estreiteza de espírito, isto é, de tal maneira que se interessem sempre ao mesmo tempo pelo bem de toda a humanidade, que abarca raças, povos e nações, unidos por toda sorte de laços (n. 75).

Isto nos leva à seção de importância crucial na Constituição sobre a guerra moderna. O Concílio francamente declara que um "chauvinismo" malcompreendido e estreito nas relações internacionais pode ser desastroso para toda a humanidade, pois "a família humana inteira chega ao auge do perigo, no processo de sua maturação" (n. 77). É-nos lembrada a nossa obrigação de obedecer à lei natural. A obediência cega à autoridade civil ou militar não desculpará o homem que comete crimes contra a natureza para cumprir ordens ou programas de um estado ou partido. Aqueles que recusam tal obediência são louvados pelo Concílio.

> À vista deste baixo nível humanitário, o Concílio tem em mira, antes de tudo, recordar o valor inalterável do direito natural dos povos e seus princípios universais.
> A própria consciência do gênero humano proclama estes princípios com segurança crescente. Ações portanto deliberadamente opostas a eles, bem como ordens que impõem tais ações, são criminosas; nem a obediência cega é capaz de desculpar aqueles que as acatam. Entre tais ações figuram antes de tudo as que têm por fim o sistemático e metódico extermínio de todo um povo, nação ou minoria étnica; estas ações devem ser conde-

> nadas como crimes horrendos, e isto com toda a energia. E merece aprovação suprema a coragem daqueles que não têm medo de opor resistência aberta aos indivíduos que ordenam tais crimes (n. 79).

Todos os cristãos são exortados a trabalhar pela paz e cooperar com as instituições e os delegados que estão tentando estabelecer acordos pacíficos de disputas internacionais, terminar a corrida armamentista e preparar uma futura ordem internacional na qual a guerra será prescrita. Naturalmente, conflitos existirão sempre, mas devem ser limitados e, se possível, inteiramente impedidos pela autoridade internacional de explodir em violência.

> Existem diversas convenções internacionais sobre assuntos de guerra, assinadas por não poucas nações, com o objetivo de tornar menos desumanas as operações militares e suas consequências. Tais são os pactos a respeito dos soldados feridos ou prisioneiros, e outros acordos deste gênero. Estes tratados devem ser observados. E não só. Todos, particularmente as autoridades públicas e os peritos no assunto, devem empenhar-se quanto possível para que sejam aperfeiçoados e assim levados a refrear melhor e com maior eficiência a desumanidade das guerras (n. 79).

O Concílio não nega o direito legítimo de uma nação à autodefesa, especialmente onde não existe uma forte autoridade de polícia internacional para impedir a guerra. Mas o Concílio recusou-se a ceder ao desejo de alguns bispos, *não aprovando* grandes reservas nucleares usadas como meio de deter uma guerra. Abstendo-se de decidir esta questão por uma condenação clara das armas nucleares como meio, em si, de deter a guerra (embora condenasse a destruição maciça e indiscriminada), o Concílio simplesmente declarou que isto nunca poderia garantir uma "segura e autêntica paz".

O Concílio claramente sustentou que a força e a violência nunca seriam base firme da paz, mas deixou uma palavra de aprovação especial para aqueles que procuram meios não violentos na resolução de conflitos.

> Impelidos por este espírito, só podemos calorosamente aplaudir aqueles que, para reivindicar os seus direitos, renunciam ao emprego da violência e recorrem aos meios de defesa, que aliás estão ao alcance também dos mais fracos, contanto que isso seja viável sem lesar direitos e obrigações de outros ou da comunidade.
> Pecadores que são, os homens vivem em perigo de guerra, e este perigo ameaçará até a vinda de Cristo. Mas enquanto, unidos pela caridade, superam o pecado, serão também eliminadas as violências até que se cumpra a palavra: "De suas espadas eles forjarão relhas de arado, e de suas lanças, foices. Uma nação não levantará a espada contra a outra, e já não se adestrarão para a guerra (Is 2,4) (n. 78).

Quando a não violência é elogiada pelo Concílio, entende-se que este elogio se aplica à verdadeira não violência como uma forma mais séria de disciplina espiritual e política: a não violência que foi praticada e aperfeiçoada por Gandhi e também usada com disciplina e eficácia por Martin Luther King e, no sul dos Estados Unidos, pelos manifestantes dos direitos civis para os negros. Por outro lado, nem tudo que a propaganda apresenta como "não violência" nos meios de comunicação preenche os critérios exigidos pelo ensinamento de Gandhi. A aprovação do Concílio não se estende às formas de protestos que são apenas *substitutos de violência*, e que, frequentemente, contêm elementos de violência psicológica e emocional incompatíveis com a verdadeira não violência. Tais protestos são rejeitados por Gandhi como a "não violência dos fracos", isto é, simples expedientes adotados por pessoas que sabem que a violência não seria eficaz e querem expressar o seu ódio, malevolência e desprezo de um outro modo. A verdadeira não violência exige não só autocontrole, dedicação sincera ao bem comum, inclusive o do adversário, mas também, segundo Gandhi, crença em Deus.

Em todo caso, quer o cristão se submeta, quer não, à disciplina de resistência não violenta à força, tem obrigação clara de trabalhar pela paz mundial conforme a medida de sua capacidade. Ao fazer assim, está cooperando com Cristo, o Príncipe da Paz, vivendo à altura das exigências do Evangelho.

> Daí a intenção do Concílio: depois de colocar em plena luz o verdadeiro e nobilíssimo conceito de paz, proscrever a desumanidade da guerra, quer convocar com insistência os fiéis, para que, apoiados em Cristo, autor da paz, colaborem com todos os homens a consolidar a paz, na justiça e no amor, e a preparar-lhe os instrumentos.
>
> A paz não é a mera ausência de guerra, nem se reduz ao simples equilíbrio de forças entre os adversários, nem é resultado de opressão violenta: antes é, adequada e propriamente, definida "obra da justiça". É fruto da ordem que o seu Fundador divino inseriu na sociedade humana. Deve ser realizada, em perfeição progressiva, pelos homens que têm sede da justiça. Pois, embora o bem comum do gênero humano seja moderado em seus princípios fundamentais pela lei eterna, em suas exigências concretas fica sujeito a contínuas mudanças, no decorrer dos tempos: a paz nunca é conquistada de uma vez para sempre; deve ser continuamente construída. Além disso, por ser a vontade humana fraca e ferida pelo pecado, a realização da paz exige de cada um constante domínio das paixões e vigilância atenta da autoridade legítima.

> Mas não é só isso. Aqui na terra não é possível obter a paz de que falamos sem que se garanta o bem-estar das pessoas, sem que os homens comuniquem entre si espontaneamente as riquezas do coração e da inteligência. Para a construção da paz são de todo indispensáveis a vontade séria de respeitar os outros homens e povos e sua dignidade, bem como o exercício diligente da fraternidade. Destarte a paz se apresenta também como fruto do amor, que avança além dos limites daquilo que a justiça é capaz de proporcionar (n. 77-78).

A questão da objeção de consciência foi discutida no Concílio, e uma afirmação bastante forte do seu caráter religioso e evangélico foi proposta no Esquema. Esta não apareceu na versão final, mas a Constituição aprova a objeção de consciência ao explicitamente recomendar leis que providenciem quanto à situação dos objetores de consciência. O Concílio distingue entre a objeção de consciência e o protesto negativo e anárquico, sugerindo que os objetores devem prestar um serviço pacífico à sociedade.

> Além disso, parece ser justo que as leis contemplem humanamente o caso daqueles que por motivos de consciência recusam pegar em armas, desde que aceitem uma outra maneira de servir à comunidade humana (n. 79).

Tudo isto deve ser visto no contexto da condenação conciliar da guerra total, com uma linguagem muito clara e inequívoca.

> Pelo progresso das armas científicas, o horror e a perversidade da guerra cresceram sem medida. Com o emprego destas armas as operações bélicas podem causar destruições enormes e indiscriminadas que portanto ultrapassam muito os limites da legítima defesa. Ora, se estes recursos, que já se encontram nos arsenais de armas das grandes nações, fossem realmente aplicados,

> resultaria disso uma chacina quase total e inteiramente recíproca entre os adversários, sem falar das muitas devastações que se originariam no mundo e das nefastas consequências do uso destas armas.
> À vista disso, este Sínodo Sacrossanto endossa as condenações da guerra total já enunciadas pelos últimos sumos pontífices, e declara: Qualquer ação bélica que visa à destruição indiscriminada de cidades inteiras ou de vastas regiões com seus habitantes é um crime contra Deus e o próprio homem, a ser condenado com firmeza e sem hesitações.
> O perigo assombroso da guerra moderna consiste nisso: Por assim dizer, insinua-se a ocasião de perpetrar tais crimes àqueles que possuem novas armas científicas; e, por uma concatenação de certa maneira inexorável, é capaz de impelir a vontade dos homens às decisões atrozes. Para que isso jamais aconteça no futuro, os bispos de todo o mundo, reunidos, suplicam a todos principalmente aos chefes de Estado, bem como às autoridades militares, que considerem incessantemente tamanha responsabilidade perante Deus e perante toda a humanidade (n. 80).

Aqui, sobretudo, toda uma nova atitude a respeito da guerra é exigida. O Concílio solenemente afirma que todos os homens devem tomar a sério e pessoalmente a obrigação que incumbe a toda a humanidade de abolir a guerra.

> Tudo isso nos obriga a examinar a guerra com mentalidade inteiramente nova. Os homens do nosso tempo devem saber que prestarão contas severas de suas operações bélicas. Pois o desenvolvimento dos tempos vindouros em grande parte dependerá de seus planos de hoje (n. 80).

Assim, o Concílio, magoando alguns bispos, recusou aprovar a presente situação perigosa e absurda na qual a paz depende precariamente dos meios nucleares para deter a guerra. Isto não pode ser tolerado como normal. Quanto antes, outros e mais seguros meios de evitar a guerra devem ser encontrados.

> Seja qual for o peso deste raciocínio, convençam-se os homens que a corrida armamentista, para a qual não poucas nações apelam, não é caminho infalível para assegurar firmemente a paz; nem o assim chamado equilíbrio que resulta desta corrida é a paz estável e verdadeira. Bem longe de eliminar as causas da guerra que daí surgem, antes aos poucos as agravam. Enquanto se gastem enormes somas na confecção de armas sempre novas não se pode dar remédio suficiente a tantas misérias que hoje grassam no mundo inteiro. Em vez de sanar em verdade e pela base os conflitos entre as nações, outras partes do mundo são por eles contaminadas. É preciso procurar novos caminhos que procedam de uma reforma dos espíritos, a fim de que se remova este escândalo, ao mundo, libertado do pavor que o oprime, possa ser restituída a paz verdadeira.
>
> Por isso, mais uma vez deve ser declarado: a corrida armamentista é a praga mais grave da humanidade, que lesa intoleravelmente os pobres. É de se temer muitíssimo que, se perdurar, ela produza um dia todas as ruínas nefastas cujos instrumentos já prepara (n. 81).

6
Perspectivas para o futuro

Um olhar de relance para a Constituição sobre a Igreja no Mundo de Hoje nos evidencia uma abordagem claramente otimista, positiva e aberta ao homem moderno. Trata-se de um humanismo cristão, profundamente tradicional, que está disposto e é capaz de colaborar com a ciência e a tecnologia modernas na construção de um novo mundo para o homem. Nesse novo mundo, a moderna tecnologia, se for usada conforme os verdadeiros interesses do homem, torná-lo-á capaz de finalmente viver numa relativa paz, com alto grau de conforto material, e com bastante lazer que pode usar com grande vantagem, se o souber. Mas a Igreja não supõe que tudo isso se realizará automaticamente, e a Constituição não diz que a ciência sozinha conseguirá esta nova utopia, como por um golpe de mágica.

Nem mesmo o otimismo da Constituição em nenhum lugar implica uma ingênua acomodação à nossa presente situação social. Longe de autenticar qualquer sistema social ou econômico, o Concílio claramente entende que as nossas presentes instituições sociais são impotentes para resolver a atual crise e são, até certo ponto, responsáveis pela mesma crise. Por isso, a Constituição fala claramente que nós não podemos esperar que as aspirações do humanismo, cristão ou não, se realizem, a não ser que mudemos a nossa rota presente e a estrutura da nossa sociedade tecnológica seja radicalmente desenvolvida e melhorada. Pelo contrário, evitando o pessimismo, a

Constituição reconhece que estamos num estado de grave crise e prevê a possibilidade de um desastre – possibilidade que nenhuma pessoa sensata pode ignorar.

Agora surge a pergunta: Que devemos fazer? O fato de a Constituição nos ter dado certos princípios gerais, pelos quais podemos entender a nossa atual posição no mundo, não significa que agora entendemos tudo claramente e os nossos problemas se resolverão magicamente. A Constituição simplesmente nos diz que temos muito trabalho a fazer, e sugere onde podemos procurar um bom começo. Salienta, sobretudo, o respeito para com a pessoa humana e a preocupação pela unidade da família mundial, como os dois principais pontos de todo pensamento sério e ação importante no mundo moderno.

Este ensinamento do Concílio deve primeiro ser estudado e entendido pelos próprios católicos e, pelo trabalho dos católicos (especialmente dos leigos que são peritos nos seus vários campos), estes princípios humanísticos podem, esperamos, entrar no pensamento geral daqueles que elaboram os programas públicos, e exercer uma influência no decorrer dos acontecimentos. Mas reflitamos seriamente sobre estes problemas atuais.

Em primeiro lugar, os acontecimentos se processam rapidamente e se movem de acordo com a dinâmica poderosa e acelerada que acumularam durante os últimos cinquenta ou cem anos. Em segundo lugar, aqueles que tomam as decisões cruciais – habitualmente secretas –, determinantes da direção a seguir por todos nós, raramente são católicos. Quando o são, não entendem nem aceitam necessariamente todo o significado do ensinamento da Igreja. Toda gente sabe, por exemplo, que a Constituição está ainda tentando comunicar a mensagem da justiça social que no longínquo passado foi claramente expressa, como na *Rerum Novarum* de Leão XIII, e foi ainda mais claramente reiterada na *Quadragesimo Anno* e na *Mater et Magistra,* e é ainda desconhecida em alguns setores. Uma das mais óbvias metas da peregrinação do papa às Nações Unidas foi pleitear a paz no Vietnã, mas essa meta parece ter escapado à atenção de muitos católicos nos Estados Unidos. Eles só entenderam que o papa estava dizendo que a paz seria uma ótima coisa. Afinal, o que mais diria um papa? Mas quase não se detiveram para considerar que *lhes* estava pedindo que fizessem algo a esse respeito, pois, como toda gente sabe, é sempre o inimigo que tem a culpa da guerra.

A questão de paz e guerra é absolutamente central na Constituição. Este é o maior e mais urgente problema do homem moderno. De fato, a tarefa de construir um mundo melhor na linha do humanismo cristão proposta pelo Concílio será inteiramente impossível se os homens continuarem a dedicar a maior parte de sua energia, dinheiro, atenção e "jeito" para construir e fazer uso do poder militar. É a ameaça da guerra – e toda ameaça de guerra é potencialmente ameaça de guerra global e nuclear – que permanece como o maior obstáculo ao desenvolvimento do homem nas linhas previstas e esperadas pelo Concílio. É a guerra que constitui para a humanidade "o auge do perigo, no processo de sua maturação" (n. 77). Por isso o Concílio fala explicitamente:

A família humana "NÃO PODERÁ CONSTRUIR PARA TODOS OS HOMENS EM TODA PARTE UM MUNDO REALMENTE MAIS HUMANO, DE ACORDO COM A SUA MISSÃO, A NÃO SER QUE TODOS SE CONVERTAM À VERDADEIRA PAZ PELA RENOVAÇÃO DO ESPÍRITO" (n. 77).

Note-se que o Concílio diz que não só os estadistas, técnicos, generais, diplomatas, mas todos devem devotar-se à causa da paz. Cada um encontrar-se-á, à sua maneira, numa posição para afirmar a mensagem evangélica de paz, agora mais do que nunca "conforme aos mais elevados ideais e aspirações do gênero humano" (n. 77).

Mas lembremo-nos de que, quando isto estava sendo promulgado, o general americano exigia que o Vietnã do Norte fosse bombardeado até que retornasse à Idade da Pedra, enquanto, sem dúvida, grande número de cristãos americanos, católicos e protestantes, não só não viram qualquer razão para discordar substancialmente da opinião do general, mas até acharam que estava correta e era prática, se bem que expressa, talvez, com certa brutalidade. O Concílio declarou – e isso também não é novidade para ninguém – que, "na medida em que se empregam na guerra armas científicas de todo gênero, *seu caráter desumano ameaça levar os combatentes a uma barbárie que supera em muito a de outros tempos*" (n. 79). Esta não foi uma declaração precipitada, considerando os atos diários de brutalidade sem paralelo, com ou sem armas modernas, que se cometem em ambos os lados no Vietnã. Crimes de guerra como tortura, execução de reféns e massacre indiscriminado de não combatentes não são apenas cometidos sem hesitação, mas aceitos como normais, enquanto, ao mesmo tempo, muitas pessoas aparentemente prudentes e responsáveis estão sugerindo que a China, que por qualquer norma de lei internacional é neutra, deve agora ser atacada e paralisada com armas atômicas, antes de poder construir o seu próprio arsenal nuclear.

Sendo este o caso, devemos sobriamente nos perguntar quais as chances que tem esta Constituição de ser aceita e entendida onde mais precisa ser entendida. E ao mesmo tempo devemos propor-nos uma pergunta mais fundamental e urgente: Que chance tem este humanismo cristão de ser aceito e aplicado numa cultura predominantemente científica e tecnológica?

Um dos aspectos mais otimistas da Constituição é a suposição de que o mundo moderno da ciência, ao qual se dirige, é essencialmente humanista no mesmo sentido que o é o Concílio. E certamente não há nenhuma razão para duvidar desta orientação basicamente humanista do *ideal* científico, ou da visão do mundo científica e tecnológica considerada *abstratamente.* Sem dúvida, a ciência e a tecnologia procuram tornar o mundo melhor para o homem, e compreenderam a sua tarefa duzentos a trezentos anos atrás, com uma consciência, mais ou menos explícita, de que a sua missão era trazer ao homem os benefícios que a mais antiga cultura religiosa até então não lhe pudera obter.

Por outro lado, quando olhamos o nosso mundo científico em concreto, em sociedades administrativas maciçamente organizadas, quer totalitaristas, quer capitalistas, percebemos imediatamente que a ciência a serviço do governo facilmente se esquece de suas aspirações humanistas. Os chavões humanistas ainda são pronunciados com convicção, mas não provados praticamente com resultados.

Sabemos, por exemplo, que a pesquisa científica é agora exageradamente subsidiada pelo governo. Mas, nos Estados Unidos, com um orçamento federal de quinze milhões de dólares ou mais para pesquisas e desenvolvimento – depois de um aumento de 445% em dez anos –, 87% disso são aplicados à defesa, às conquistas do espaço e à energia atômica. Em outras palavras, 87% são principalmente para interesses militares e 13% para *toda outra* pesquisa. Apenas *7%* são aplicados à saúde, à educação e à assistência social. A consideração de números como estes nos capacitará a julgar o humanismo da tecnologia patrocinada pelo governo, e isso numa nação que, não sem razão, se considera uma das mais humanistas da Terra – em comparação com algumas outras.

Assim, numa época em que a guerra moderna é a maior ameaça do homem – uma ameaça à sua própria sobrevivência como espécie –, o homem está dedicando tudo o que tem à guerra. Humanismo singular!

Consideremos, ainda, o que significa a guerra moderna. Isto nos dará uma maior penetração dos termos tão fortes com os quais o Concílio condenou a corrida armamentista e a tendência para a guerra total. Não há nenhuma utilidade em apelar para a "guerra limitada e não nuclear" como oferecendo a possibilidade de uma guerra justa e "humana". Considerem-se as perdas civis em proporção às perdas militares nas guerras modernas. Max Born, vencedor do Prêmio Nobel, disse que, na Primeira Guerra Mundial, 5% das perdas fatais foram civis, 95% militares. Num caso assim, talvez alguém possa recorrer aos argumentos tradicionais da moral sobre a retidão em "permitir" algumas perdas de civis baseado no princípio do duplo efeito: Na Segunda Guerra Mundial, 48% dos mortos foram civis, 52% militares. Poder-se-ia argumentar aqui que estes civis morreram "acidentalmente"? Aqueles que pereceram em Hamburgo, Dresden, Coventry, Tóquio morreram meramente *à margem* da destruição militar planejadamente limitada? Se olharmos mais adiante, a Guerra da Coreia foi uma "guerra limitada" em que armas atômicas não foram usadas. Constata-se que 84% dos mortos foram civis, 16% militares. Como alguém sublinhou, estamos agora matando civis direta e intencionalmente, enquanto permitimos a morte incidental de soldados. Se tivéssemos estatísticas sobre o Vietnã, onde áreas inteiras são cruelmente bombardeadas, baseados na mera suspeita de que alguns guerrilheiros possam estar escondidos por lá, a proporção de mortes de civis seria ainda mais alta.

Toda gente sabe que mulheres e crianças são queimadas vivas no Vietnã pelos efeitos aterrorizantes do napalm. Todos estão cônscios de como frequente e casualmente comunidades inteiras são liquidadas pela suspeita de que um ou dois guerrilheiros possam ali estar escondidos – até aldeias amigas são exterminadas "por engano". Tudo isso é aceito com o estoicismo mais extraordinário da parte de um povo confortável e próspero que age como se fosse o normal. É este o "humanismo" do homem científico e tecnológico? Então podemos esperar o mundo de 1984 de Orwel e esquecer a Constituição Conciliar, a não ser que estejamos dispostos a fazer algumas mudanças drásticas. Quando os nossos estrategistas modernos falam de "megamortes", estão obviamente pensando em não combatentes. E a guerra nuclear tem tornado essa distinção entre combatentes e não combatentes puramente sem sentido: exceto talvez que, numa guerra nuclear, os homens das Forças Armadas talvez pudessem estar mais bem protegidos e sustentados do que os não combatentes. Como é solene, neste contexto, a afirmação do Concílio: "À vista deste baixo nível humanitário, o Concílio tem em mira, *antes de tudo,* recordar o valor inalterável do direito natural dos povos e seus princípios universais. A própria consciência do gênero humano proclama estes princípios com crescente segurança. *Ações portanto deliberadamente opostas a eles, bem como ordens que impõem tais ações, são criminosas; nem obediência cega é capaz de desculpar aqueles que as acatam* (n. 79).

Junto às grandes possibilidades humanistas, o nosso mundo mostra, de fato, a desumanidade mais pavorosa, aceita sem protesto pela grande maioria dos homens, simplesmente porque acreditam que isso é como deve ser. Essa desumanidade não se deve normalmente aos próprios cientistas que, lembramos, têm sido muito eloquentes em lançar avisos e protestos desde que a bomba atômica surgiu, e mesmo antes de ser usada na guerra. Isso se deve a uma certa ignorância moral e a uma insensibilidade que entrou na própria estrutura da sociedade tecnológica. Para a tecnologia, o que importa é, em primeiro lugar, a eficiência. O que para o moralista é um crime contra a humanidade é, ao estrategista, simplesmente a solução mais eficiente de um problema técnico. Se a "moralidade" chega a ser considerada, é apenas em termos de relações públicas. O mesmo general que advogou o bombardeio do Vietnã do Norte até que retornasse à Idade da Pedra advogou também – e pôs em prática – as mesmas ideias, anteriormente, no Japão e na Coreia. Disse também que, afinal de contas, a sua solução seria "menos imoral", pois "menos pessoas seriam mortas no decorrer da guerra". Isto é, a aniquilação maciça é simplesmente o modo mais prático de ganhar imediatamente e parar a guerra no seu início.

O que é mais prático é, por isso, "melhor", e o que é "melhor" é mais moral. Tal argumentação implica uma indiferença completa para com a justiça objetiva, os direitos morais, e uma falta total de interesse pela pessoa humana. Os milhares – ou milhões – cujo extermínio resolve este problema de estratégia simplesmente não são considerados como seres humanos com direitos, esperanças e aspirações a uma vida melhor. A lógica que constrói a paz na base de uma guerra fria e de terror é uma lógica de indiferença insensível para com o homem, e é por isso essencialmente um anti-humanismo. De fato, sabemos que Hitler argumentou em termos semelhantes e que, no fim, a história emitiu o seu julgamento sobre a eficácia deste raciocínio.

Por isso, um dos grandes problemas confrontados pela Constituição sobre a Igreja no Mundo de Hoje é este: o humanismo idealmente científico da civilização moderna tende a tornar-se um anti-humanismo total e destrutivo, quando homens de poder estão de posse da ciência. Basta referirmo-nos aqui às teorias pseudocientíficas existentes por trás da determinação de Hitler de liquidar os judeus.

No anti-humanismo apocalíptico e destrutivo que constatamos tão prevalecente na nossa sociedade, reconhecemos o aspecto "tenebroso" do mundo condenado sem ambiguidade no Novo Testamento – o segundo dos três sentidos de mundo que consideramos no início deste estudo. Este *não* é o "mundo moderno" ao qual o Concílio fala com palavras de encorajamento e aprovação. É o mundo inimigo de Cristo e do homem, um mundo negro de crueldade, cinismo e ódio, ao qual o Concílio disse "não", e o disse inequivocamente, dizendo, ao mesmo tempo, "sim" a todas as esperanças legítimas do homem moderno.

Por isso, concluímos que a tarefa do cristão no mundo moderno não é de modo algum uma mera aceitação ingênua e total daquilo que se afirma ser uma "cultura científica e tecnológica" no seu valor aparente e nos termos que apresenta. Devemos, em primeiro lugar, distinguir entre o verdadeiro humanismo científico da própria ciência e o anti-humanismo da ciência a serviço do totalitarismo, da plutocracia e da *realpolitik*.

Então, ao considerar a própria ciência, devemos também reconhecer que o verdadeiro humanismo científico é um tanto diferente daquele em que o Concílio insistiu tão fortemente. A ciência, afinal, se interessa pelo homem em geral, pela espécie e pelo ser humano individual na medida em que ele é mais um exemplo da espécie humana em geral. A ciência é quantitativa e objetiva: aqui se acha o seu poder e também a sua limitação, do ponto de vista humanista.

Se o verdadeiro humanismo, no sentido mais profundo da palavra, se concentra não na natureza humana, mas na pessoa humana, então há uma dimensão humanista que vai além da ciência empírica e objetiva. A pessoa, de fato, não pode ser empírica e objetivamente estudada. É verdade que o conhecimento científico nos pode preparar para abordar a pessoa de um modo mais válido, menos ilusório, mas, no final, o conhecimento e a compreensão da pessoa são não objetivos. Isto é, a pessoa humana não pode ser conhecida fora da empatia e identificação que são produzidas apenas pelo amor. Não podemos verdadeiramente conhecer outra pessoa a não ser que nos "tornemos", até certo ponto, aquela pessoa, e experimentemos a sua subjetividade como nossa. A ciência não proporciona nenhum modo de fazer isso, e oferece muito pouca ajuda a que formulemos qualquer conclusão a que possamos chegar. É aqui que a Igreja, com a sua perene sabedoria, enraizada no Evangelho da reconciliação e amor divinos, traz um elemento absolutamente essencial ao clima do moderno humanismo científico. Tentar construir um mundo de paz, justiça, ordem, abundância, plenitude, estabilidade e relativa felicidade com os métodos quantitativos e técnicos apenas, é atrair o desastre, pois, com este processo, as pessoas serão inevitavelmente tratadas como sujeitos e não como pessoas. As falhas desse sistema são patentes demais na civilização urbana de hoje.

Por isso é que a Igreja deve não só entrar em diálogo com a ciência moderna, mas aprender como cooperar com o cientista e com o técnico na construção de um mundo melhor. Contudo, deve também possibilitar ao cientista e ao técnico manter uma certa liberdade e autonomia espirituais para com as estruturas de poder que lhes oferecem recompensas tão tentadoras.

Numa palavra, a Igreja deve tentar salvar o homem moderno de suas tendências fáusticas e, procedendo assim, não deve ela tornar-se um aprendiz de mágico. Esta é a mensagem da Constituição sobre a Igreja no Mundo de Hoje.